KAWADE
夢文庫

紫式部と摂関政治の時代がよくわかる本

歴史の謎を探る会[編]

JN066819

河出書房新社

カバー画像◉アフロ
本文イラスト◉青木宣人
地図作成◉AKIBA
協力◉オフィステイクオー

なぜ、王朝文学が誕生し、摂関家が権力の頂点に上り詰めたのか?◉はじめに

紫式部や清少納言らが宮中に出仕して活躍した時代が平安時代だ。そして、平安時代中期頃の文化を国風《こくふう》文化、日記や随筆《ずいひつ》、物語などを王朝文学という。

そんな時代に、政治の実権を握っていたのが藤原氏だ。そのなかでも、摂政や関白といった朝廷のトップに君臨する家柄は摂関家《せっかんけ》と呼ばれた。摂関家のおこなう政治を摂関政治といい、頂点を極めたのが藤原道長《ふじわらのみちなが》である。

道長は父である兼家《かねいえ》の五男で、本来であれば藤原嫡流《ちゃくりゅう》を受け継ぐ立場ではなかった。しかし、兄たちの早逝《そうせい》やライバルの失脚により頭角を現していく。それまでには、様々な権力争いもくり広げられている。

本書は、そんな紫式部をはじめとする王朝文学と、藤原道長を中心とする摂関政治のあらましをわかりやすく解説した。

なぜ、紫式部は世界でも類を見ない長編小説を書いたのか。なぜ、藤原氏は天皇家をもしのぐ権力を持ちえたのか。そして道長と紫式部の関係は? そんな疑問を解き明かす一助になれば幸いである。

歴史の謎を探る会

序章 平安の世に紫式部が登場した秘密

●『源氏物語』が書かれた時代背景

紫式部が生まれた時代――遣唐使の廃止と鎖国状態の日本 12
新時代の「知」の担い手たち――国内情勢の安定がもたらした学問の探究 15
唐風文化から国風文化への移行――はたしてその実情は？ 18
かな文字の誕生と表現の多様化――女性の貴族が担い手に 21
地位向上のために女性が求めた教養――天皇に近づく手段としての学問 24
男女を問わない日記文学の隆盛――何が書かれていたのか？ 27
物語文学の地位を向上させた『源氏物語』――どこが、どう凄いのか？ 31

1章
藤原氏はどのように歴史の舞台に躍り出たか
◉摂関政治が始まるまでの道のり

乙巳《いっし》の変《へん》の功労者としての鎌足——藤原氏の始祖はどんな人物か？ 36
藤原氏、隆盛の始まり——天皇の外戚として勢力を伸ばした不比等 40
南北式京家の始祖となった藤原四子《しし》——どんな陰謀で権力を掌握したのか？ 44
光明《こうみょう》皇后の信頼を得た仲麻呂——藤原氏の再興を果たしたが… 47
藤原永手《ながて》・百川《ももかわ》・良継《よしつぐ》の活躍——藤原氏の再浮上を担った3人 51
他家の凋落《ちょうらく》に乗じた冬嗣の台頭——北家の優位が確定した事情 56
摂関政治の始まり——人臣初の摂政に任じられた良房 59
宇多《うだ》天皇を凌駕《りょうが》した基経《もとつね》の権勢——「阿衡《あこう》の紛議《ふんぎ》」の真相 63
摂関政治の中断と、菅原道真の排斥——「天皇親政」の世の時平《ときひら》の権勢 66
「天暦《てんりゃく》の治《ち》」による村上天皇の親政——天皇家と藤原北家との蜜月 69
北家が企てた承和《じょうわ》の変と安和《あんな》の変——謀略でライバルたちを排斥 71

2章
謎多き紫式部のほんとうの人物象とは
◉家柄、結婚、藤原道長との関係…

紫式部の出自――藤原北家の流れをくむ文人の家柄だった 76
紫式部の結婚生活とその後――結婚後、わずか3年で夫と死別することに 79
宮中への出仕と『源氏物語』の執筆――作品はどう評価されたのか？ 82
紫式部が道長の信頼を得たわけ――道長の妻・倫子《りんし》にも出仕？ 86
紫式部の生涯に関する謎――いつ生まれ、いつ死んだのか？ 88
もう1つの作品『紫式部日記』――なぜ彰子《あきこ》の出産話が中心なのか？ 91

3章
藤原道長はいかにして栄華の頂点を極めたか
◉その「人となり」から「陰謀の実態」まで

藤原道長の出自――政治の中枢を担う家柄の五男だった 94
父・兼家《かねいえ》と伯父・兼通《かねみち》との対立――その後の道長に影響した政争 96

天皇の退位を仕組んだ「寛和《かんな》の変」――父の出世で、道長も政治の中枢に 100
摂政・道隆と道長の確執――父の死後に企てられた皇位継承の陰謀 103
道隆の子・伊周《これちか》と道長の対立――周囲を困惑させた激烈な出世競争 106
長徳の変と伊周《これちか》の失脚――自滅した道長の政敵 109
一条天皇と内覧・道長の関係――良好な君主と臣下の関係にあったが… 111
長女・彰子《あきこ》の入内《じゅだい》と立后《りっこう》――天皇との外戚関係を確立 114
敦成《あつひら》親王と敦良《あつなが》親王の誕生――道長を不安にさせた皇太子問題 117
一条天皇の崩御――道長が譲位工作をした理由 120
三条天皇と道長の確執――対立を激化させた皇后選定問題 123
後一条天皇の即位と摂政宣下《せんげ》――一族で要職を独占した道長 126

4章 紫式部と藤原道長の運命を決めた人びと

◉親・子・兄弟から敵・味方まで

藤原為時 ふじわらのためとき――漢文・歴史の研究者だった紫式部の父 130
藤原為信女 ふじわらのためのぶのむすめ――一男二女をもうけた紫式部の母 131
藤原惟規 ふじわらののぶのり――短命だった紫式部の弟 131

藤原宣孝　ふじわらののぶたか――疫病で突然この世を去った紫式部の夫　132
藤原賢子　ふうじわらのけんし――女房として道長の娘に出仕した紫式部の娘　133
藤原兼家　ふじわらのかねいえ――勢力争いで兄と対立した、道長の父　134
藤原時姫　ふじわらのときひめ――ふたりの天皇の祖母に当たる、道長の母　135
源倫子　みなもとのりんし――道長の正室は、夫の出世にも大きく関わっていた　136
源明子　みなもとのめいし――父は実力者だった、道長の妻　137
藤原頼通　ふじわらのよりみち――摂政・関白など要職を歴任した道長の長男　138
藤原彰子　ふじわらのあきこ――天皇の母となった道長の長女　139
藤原道隆　ふじわらのみちたか――定子の入内《じゅだい》をめぐり、弟・道長と対立　141
藤原道綱　ふじわらのみちつな――遅れて出世した、道長の兄　142
藤原道兼　ふじわらのみちかね――「寛和《かんな》の変」のキーマンだった、道長の兄　143
藤原超子　ふじわらのちょうし――道長の姉にして三条天皇の母　144
藤原詮子　ふじわらのせんし――一条天皇の母であり、道長の姉　145
源雅信　みなもとのまさのぶ――道長の父のライバルであり、道長の正室の父　147
藤原穆子　ふじわらのぼくし――道長の出世を予見した、道長の正室の母　148
高階貴子　たかしなのきし――末流貴族でありながら栄達を極めた　149
藤原定子　ふじわらのていし――出家後も一条天皇に愛された　151
藤原伊周　ふじわらのこれちか――道長と関白の座を争うも、失脚した　153

藤原隆家 ふじわらのたかいえ——長徳の変で左遷されたが、気骨ある荒くれ者 154
藤原実資 ふじわらのさねすけ——道長も一目置いた傑物 156
藤原公任 ふじわらのきんとう——名門の出で道長のライバルでもあった 158
清少納言 せいしょうなごん——『枕草子』の作者には豪放な逸話の数々が… 160
和泉式部 いずみしきぶ——道長に「浮かれ女」と評された文人 163
赤染衛門 あかぞめえもん——紫式部や清少納言らとも親交があった歌人 165

5章 摂関政治はなぜ衰退し終焉を迎えたのか

◉武士の世に移った後の摂関家

摂関政治を極めた道長の最期——病魔の苦しみと寺院建立 168
藤原頼通《よりみち》の長期政権——戦乱の世を、半世紀にわたり治める 171
後三条天皇の即位と親政——藤原氏全盛時代の終わりの始まり 175
摂関家を弱体化させた白河上皇——天皇より権勢を誇った院政のカラクリ 179
摂関家の分裂と保元の乱——天皇と上皇の対立から争乱に発展 182
平家による武家政権の萌芽《ほうが》——失脚した忠通は復権へ 186
摂関将軍の誕生——険悪な幕府と朝廷の駆け引き 189

五摂家の成立とその後――暗黙の力で今日まで影響力を発揮 193

6章 貴族を成り立たせていた平安時代の社会とは

◉その「しくみ」から「暮らしぶり」まで

摂政と関白、その役割の違いとは 198
平安時代の行政システムはどうなっていた？ 199
役人の位階と官職の関係とは 204
貴族の経済基盤になった荘園制度とは 206
入内《じゅだい》した女性たちの地位は？ 208
宮中における女性の職務とは 210
武士が貴族に代わって台頭した理由 213
貴族と民衆の生活はどんなものだったか？ 215
貴族と民衆の服装とは 218

序章

平安の世に紫式部が登場した秘密

●『源氏物語』が書かれた時代背景

紫式部が生まれた時代
——遣唐使の廃止と鎖国状態の日本

世界で最古の長編小説とされ、1000年以上たっても色あせない筆致で読者を魅了する『源氏物語』。したためたのは、平安時代随一《ずいいち》の女流作家といわれる紫式部である。

ではなぜ、彼女はその才能を遺憾《いかん》なく発揮することができたのか。まずは当時の時代背景から探ってみたい。

平安時代は、平安京が都となった延暦《えんりゃく》13年（794）から鎌倉幕府が成立した時代までを指す。紫式部が生まれた時期には諸説あるが、10世紀の後半あたりとされ、その頃は日本の対外政策が大きく転換した時代でもあった。

推古《すいこ》天皇の時代より、日本は大陸国家の隋《ずい》に使者を送って最先端の制度や文化を学んでいた。この使者を遣隋使《けんずいし》と呼び、隋が滅んで唐《とう》が成立しても、遣唐使と名を変えて続けられていた。遣唐使によって持ち帰られた情報により律令《りつりょう》制度という国家体制の整備が進み、文化も唐風が流行するなど、日本に多大な影響をもたらし

7〜8世紀の日本とその周辺

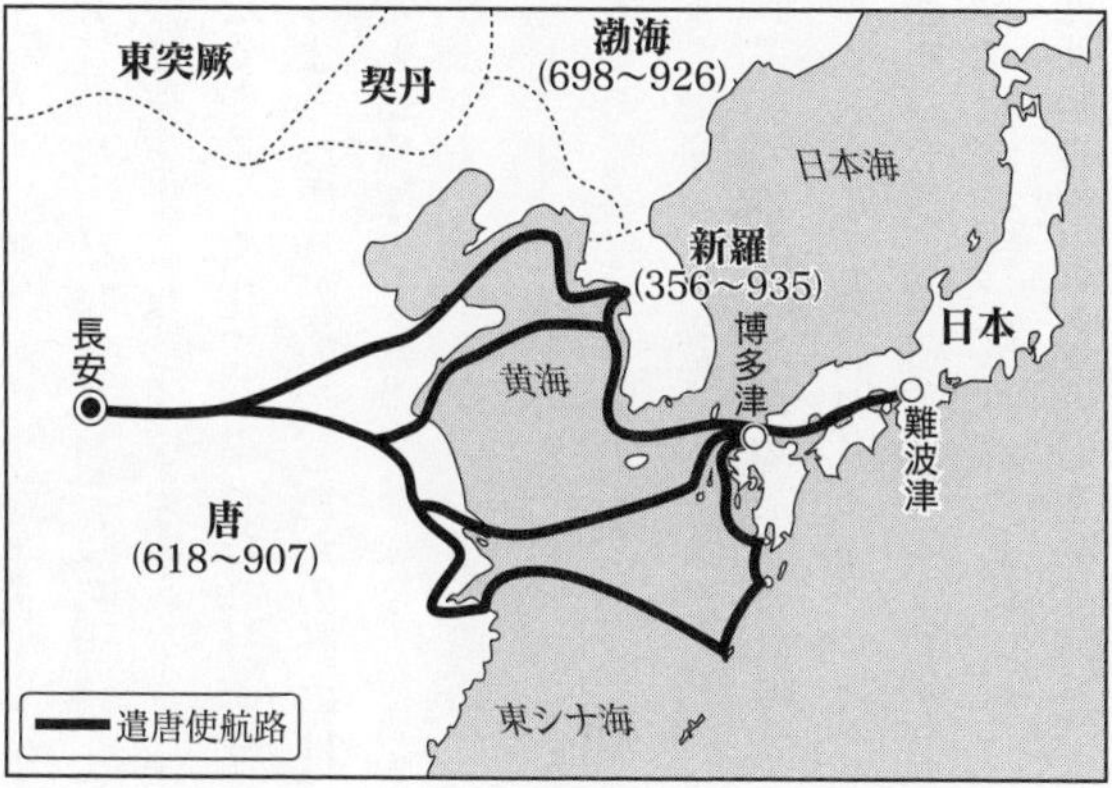

ていたのだ。

その一方、朝鮮半島を統一した新羅《しらぎ》には強硬な姿勢を見せ、服属をも要求していた。天平宝字《てんぴょうほうじ》3年（759）には渤海《ぼっかい》国（現在の満州からシベリア沿岸部）との共同出兵も計画。のちに中止とはなったものの、古代日本は軍事的圧力を利用する好戦的な一面もあったのだ。

このように、平安時代初期までの日本は、様々な形で対外進出に積極的だった。

しかし、9世紀頃から対外政策は一変。侵攻計画の頓挫《とんざ》と渤海国との関係解消により、日本は新羅国の掌握《しょうあく》を諦《あきら》める。新羅との交易船は九州に来航していたが、政治的な関係は断絶したといっていい。さらに遣唐使の派遣も激減し、9世紀中には2回しかおこなわれていない。遣唐使の目的は文化・制度の習得だけでなく、唐との関係強化で日本が半島国家への優位を得る政治的な一面もあった。だが、新羅・渤海との関係解消でその必要はなくなる。文化を学ぶという目的も、唐人貿易船に同航した使者がその役割を務めるようになったので、派遣の必要性は低下していたのである。

そして寛平《かんぴょう》6年（894）に、遣唐大使であった菅原道真《すがわらのみちざね》の提言で遣唐使は廃止された——というのが、これまで通説だったが、実際は異なる。

道真が中止を要請したのはその年の派遣であって、遣唐使そのものではない。遣唐大使の肩書は外さなかったし、当時の宇多《うだ》天皇も再開には積極的だったようだ。しかし政争による道真の失脚と、宇多上皇・醍醐《だいご》天皇間の軋轢《あつれき》でタイミングを逃し、907年の唐滅亡で自然消滅したのが真実であるようだ。

唐滅亡後の大陸は五代十国《ごだいじっこく》という分裂状態に陥り、新羅も935年に滅亡して高《こう》麗《らい》が半島を統一する。渤海国も926年に滅び、日本と関係していた国は消滅した。

こうした東アジア各地の変化に対して、日本が選んだのは孤立だ。すでに平安時代初期の日本は対外戦力を解体済みで、外国の動乱に介入する力はない。高麗が承《じょう》平《へい》7年（937）と天慶《てんぎょう》2年（939）に送ってきた朝貢《ちょうこう》も拒否し、大陸の各国とも国家としての通交は停止。承平6年（936）に中国の呉越《ごえつ》国が送った使者への対応も、左大臣である藤原忠平《ただひら》の私交として扱い、国家間の関係は結ばなかった。以後、**外国との関係は平安後期まで民間交易を中心として、アジアとの外交関係からは事実上離脱したのである。**

このような方策をとることができたのは、日本が対外干渉《かんしょう》を受けにくい島国だったことが大きい。いわば、平安日本は江戸時代に先駆けた鎖国の時代であり、これを歴史学者の石上英一《いしがみえいいち》氏は「積極的孤立主義」と評している。

紫式部は、そうした対外孤立の時代に生を受けたのである。

新時代の「知」の担い手たち——国内情勢の安定がもたらした学問の探究

孤立主義で奈良時代後期より続いた対外戦争の危機は遠ざかり、弘仁《こうにん》2年（811）には蝦夷《えぞ》と呼ばれた東北地方の反大和朝廷勢力の脅威も低下。地方豪族の反乱も、東国の平将門《たいらのまさかど》と瀬戸内海を拠点とする藤原純友《すみとも》が起こした「承平天慶の乱」があったものの、朝廷の基盤を揺るがすほどではない。

そのため、都の皇族や貴族が戦乱と無縁になっていた。災害や政争こそありはしたものの、全体的に見れば平安時代は比較的安定した時代だったともいえる。

このように国内が安定するにつれて発展したのが「学問」だ。**出世を望む貴族にとって大切な資質が、「武」から「知」へ移行した**のだ。

すでに奈良時代後半には、都に大学が置かれている。この大学は、国家の官吏《かんり》を育成するための機関であり、地方の教育機関は国学と呼ばれた。貴族の子弟はここで漢文や算道（算数）などを学んで役人になるのだ。

平安時代に入ると、有力貴族が自身の子弟用に独立した教育施設を大学に併設するようになる。藤原氏の勧学院《かんがくいん》、嵯峨《さが》天皇の皇后・橘嘉智子《たちばなのかちこ》が設立した学館院《がっかんいん》など、寄宿舎と自習部屋を兼ねた施設は「大学別曹《べっそう》」と呼ばれ、大学の付属機関として扱われた。大学以外にも菅原氏が開いた「菅家廊下《かんけろうか》」のような私塾もあり、当時の貴族はこうした機関で教養と知識を習得した。

一方、さらなる知識を求めて大学を飛び出した者もいる。例えば真言宗《しんごんしゅう》の開祖・空海は讃岐《さぬき》国（現香川県）の郡司《ぐんじ》の息子といわれ、18歳で都の大学に入学。だが、

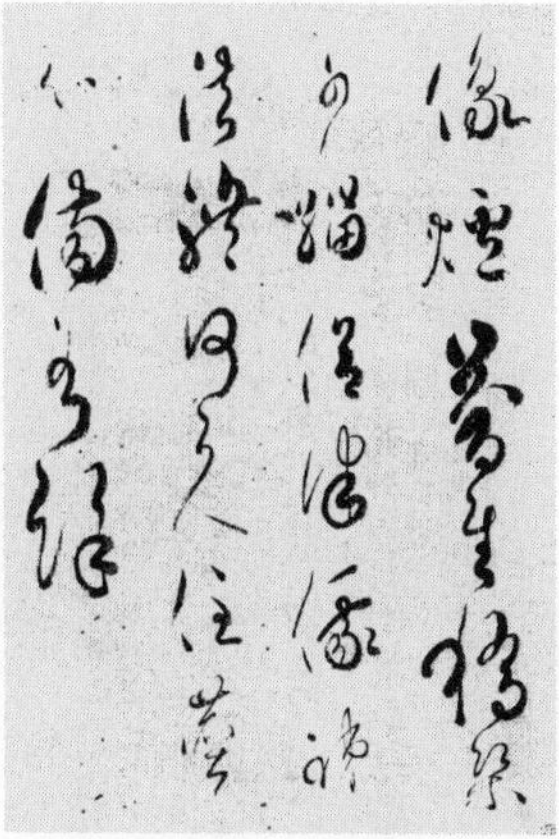
嵯峨天皇の書（最澄の死を悼んだ詩）

大学教育に満足できず20歳で中退し、24歳まで山岳修行に励み、延暦23年（804）に31歳で遣唐使留学生となった。

そして、唐で学んだ密教の知識を基に高野山《こうやさん》で開いたのが真言宗だ。さらには、万民が入学可能な綜芸種智院《しゅげいしゅちいん》という私学を開いたともいわれる。

このような学問への欲求は貴族や僧侶だけではない。嵯峨天皇は中国文化への関心がめっぽう強く、なかでも漢詩文を熱心に学んでいた。

その能筆ぶりは空海や橘逸勢《たちばなのはやなり》と並ぶ三筆に数えられていたほどだ。おりしも嵯峨天皇の治世（809〜823）は唐風文化の只中であり、**一般貴族のなかでも漢詩文の研究がもてはやされていた。**

宮廷でも漢詩を詠む宴が頻繁《ひんぱん》に催されていた。このような漢文ブームが、平安の漢詩文文化を牽引したといっても過言ではない。

平安の教養文化は、こうした教育機関

と個々の知的探求によって構築された。しかし大学や私学は男性にしか開かれておらず、女性は家庭内や宮中のサロンで学ぶしかなかった。

唐風文化から国風文化への移行——はたしてその実情は?

このように、平安時代初期までの朝廷貴族は唐風の文化を重んじた。だが、国内では徐々に日本独自の文化が誕生することになる。

時代をさかのぼること、飛鳥《あすか》時代の天智2年(663)、3年前に滅んだ百済《くだら》の遺民の要請を受けて朝鮮半島に出兵。唐と新羅の連合軍と戦うが敗北を喫《きっ》してしまう(白村江《はくすきのえ》の戦い)。その後、唐や新羅に対抗できる国力を構築すべく国内改革に着手。唐の律令制を参考とした中央集権体制を確立、遣唐使を通じて大陸文化の導入が加速度的に進んだ。

漢詩や漢文はもちろん、書法でも唐の雑体書《ざつたいしょ》などの影響を受け、絵画の世界でも唐絵《からえ》の技法がもてはやされる。仏教世界でも最澄《さいちょう》と空海が持ち込んだ密教の影響で、僧が知識を求めて唐へと渡る「入唐求法《にゅうとうぐほう》」がブームになった。こうした唐の影

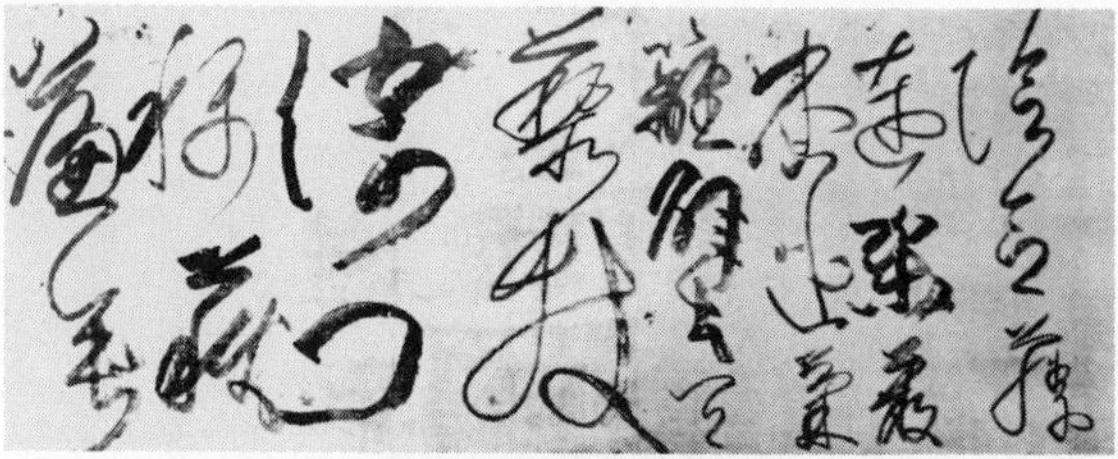

醍醐天皇の書（白居易詩巻）

響が色濃い文化を「唐風文化」と呼び、この流れは9世紀末まで続いていた。

この唐風化を止《と》めたのが遣唐使の廃止だ。遣唐使廃止で唐文化の流入が止まり、貴族内にも大陸を模範とする空気が薄まっていく。やがて唐が滅亡すると大陸の影響から完全に脱して、日本独特の文化が形づくられたとされる。

ただし、この説は必ずしも正しいとはいえない。すでに奈良時代には天皇の節宴《せちえ》において和歌の原型である「倭歌《わか》」が詠まれていたし、8世紀には日本初の歌集『万葉集』が編纂《へんさん》されている。漢字の一部を使って日本語に合わせた表記も、奈良時代の公式文書に見られ、これが後の「かな文字」に発展したとも考えられる。

つまり、**日本独自の文化である「国風文化」の萌芽《ほうが》は、遣唐使廃止以前から見られていた。**ただし、遣唐使の廃止がターニングポイントとなったのは確かなようだ。

倭歌から生まれた和歌が脚光を浴び、醍醐《だいご》天皇の時代には勅命《ちょくめい》で和歌集が編纂されている。これが延喜《えんぎ》5年（905）に奏上《そうじょう》された『古今和歌集《こきんわかしゅう》』である。

貴族の服装も束帯《そくたい》や十二単《じゅうにひとえ》が正装となり、建物は寝殿《しんでん》を中心に各建築物を廊下でつなぐ寝殿造が主流となり、芸術では日本の風景や人物を描く大和絵の流行が起こる。とはいえ、唐風文化も即座に廃《すた》れたわけではない。男性貴族による日記や文書作成は相変わらず漢文で、宮中の主要儀礼は変わらず唐風だった。『古今和歌集』以後も、正規の儀式で詠まれたのは漢詩が多かった。

また、遣唐使廃止後も大陸の貿易船はなくなることはなく、日常的な交流はむしろ加速したといえる。ただ、貴族は交易で大量の「唐物《からもの》」を得たのだが、重宝されたのは貴重品や儀式用の消耗品のみで、遣唐使全盛期のように最新文化を積極的に導入しようとはしなかった。そのため中国文化の流入は唐の時代でストップした。

こうして**唐風文化が生き残った傍《かたわ》らで、日本古来の世俗文化も女性貴族の社会や非正規な宴で楽しまれるようになる。**双方の文化が並立するなかで、日本文化は唐風の要素を組み込み、より洗練させていく。この状況は、戦後の日本にも似ている。

太平洋戦争が終わってしばらくは、音楽もマンガやアニメもアメリカの模倣《もほう》が多かった。しかし時を経るにつれてJ－POPが生まれ、マンガとアニメは日本が世界を席巻《せっけん》している。現在の日本は、アメリカの要素を組み入れて洗練し、独自の文化を生み出したのだ。

平安時代の国風文化も、唐風の要素を取り入れつつ、時代を経ることで独自色を強めたのである。

かな文字の誕生と表現の多様化——女性の貴族が担い手に

固有の文字を持たなかった古代の日本では漢字を使っていたが、漢字のみでは日本語の音を表現しきれない。そこで奈良時代には、漢字の意味を無視して音に字を当てた「万葉仮名《まんようがな》」が一部で使われるようになる。名前の由来は日本最古の歌集といわれる『万葉集』だ。

奈良時代には「多」を「タ」、「牟」を「ム」と書くというような表記も見られ、平安時代に入ると、万葉仮名を崩した「草書体《そうしょたい》（くずし文字）」が使われることが多くなる。草書体は9世紀後半までには広まったといわれ、この草書体をさらに崩した「草仮名《そうがな》」が生まれ、やがて「平仮名」に変化したとされている。

「かな（仮名）」とは漢字（真名《まな》）ではない仮文字という意味で、当初は「かりな」や「かんな」とも呼ばれていた。これが徐々に省略されて、「かな」という読み方になった。

また、平仮名は女性が主に使ったので「女手《おんなで》」という別称もある。これに対して、男性が使う漢文は「男手」である。

ただし、男性が使わなかったわけでもない。平仮名の使用が確認される最古の史料は、元慶《がんぎょう》元年（877）の「教王護国寺千手観音像胎内檜扇墨書《きょうおうごこくじせんじゅかんのんぞうたいないひおうぎぼくしょ》」。記したと考えられるのは男性だ。

さらに仏教の世界では、万葉仮名の偏や旁《つくり》を簡略化した「片仮名（カタカナ）」が使われていた。僧たちが使ったことから、「仮名文字は高僧空海が発明した」とする説もあるが、立証する証拠はないので、草書体を使うなかで自然発生したとする説が有力だ。

こうした仮名文字の普及は、文章表現の多用化につながった。当て字にしても、やはり漢文表記のみでは日本語を表現するのに限界がある。しかし、**かな文字が誕生したことによって、日本語の音どおりに文章を書くことが可能となる。さらには漢字を使いこなせない人でもわかりやすいために、コミュニケーションの幅もいっそう拡大していく。**

公的文書は漢文表記のままではあったが、和歌の書き記しや手紙などプライベートな場面で多く使われるようになったのだ。

その担い手となったのはやはり女性貴族たちで、仮名文字で最初に執筆したという『竹取物語』を含む物語や日記、説話などの貴族文学が多く生み出された。平安初期には低迷していた和歌も再び興隆し、宮中での歌合せが流行しただけでなく『古今和歌集』も勅命で編集されている。それまで和歌集が勅撰《ちょくせん》された前例はなく、和歌・和文が漢詩・漢文と同格であることを公に認めたことに等しい事例であった。

文学だけでなく墨筆《ぼくひつ》も仮名書きが主流となり、字に絵画的な美しさを付与する技法が生まれていく。美術の分野でも、仮名文字の誕生は画期的な出来事だったといえるだろう。

まさに、仮名文字の誕生は日本語の表現方法を大幅に広げ、日常生活だけでなく、芸術や文学の発展を大いに促《うなが》したのだった。

地位向上のために女性が求めた教養――天皇に近づく手段としての学問

平安時代の教育は男女平等ではなく、大学や私塾も男性にしか開かれていなかった。女性は学校教育をうける機会はなかったが、高い教養を必要としたのもまた女性だった。

平安時代中期の摂関政治全盛期、有力貴族は天皇の外戚《がいせき》となるべく、こぞって娘を天皇の住居である内裏《だいり》に入れようとした。そこで天皇に見初《みそ》められて、皇子《おうじ》を産み、跡継ぎとして即位すれば家の力は絶大となるし、娘も国母《こくも》として政治的な権力も得られたからだ。

すなわち、平安時代の女性貴族が地位を向上させるには、天皇と結ばれることが一番の近道だったし、後宮の要職に就いても地位は保障された。そして娘や女官《にょかん》が内裏に入った後に必要とされた要素が「教養」だった。

藤原氏の栄光を記した『栄花《えいが》物語』にも、それを表すエピソードがある。

天皇が女官たちと遊戯を楽しんでいたところ、彼女らに向けて歌を詠み始めた。

「逢坂《あふさか》も　はては往来《いきき》の　関もゐず　尋ねて来《こ》ば来《こ》　来《き》なば帰さじ」（逢坂の関も夜更けになれば往来を取り締まる関守《せきもり》もいなくなるので訪ねてきなさい。きたら帰さないだろう）

つまり、夜更けになれば宮中も人目がなくなるので訪ねてきなさいという、夜の誘いの歌だ。だが、本当に寝床を訪ねた女官は追い返されて、天皇の真意を読み解き薫物《たきもの》（お香）を贈った女官はたいへん気に入られたという。

これは「沓冠《くつかぶり》」と呼ばれる和歌の技巧で、5句それぞれの初めと終わりの1音ずつを読めば、別の意味が伝わるというもの。先の歌であれば、5句の初めは「あ・は・せ・た・き」、終わりは「も・の・す・こ・し」となり、「合わせ薫物少し」の意味となる。

沓冠の知識があった女官は、この意味をくみ取って薫物を贈ったのだ。

『枕草子』にも、一条天皇の皇后中宮定子《ちゅうぐうていし》が清少納言に「香炉峰《こうろほう》の雪いかならむ」とたずねると、清少納言は御簾《みす》を高く上げて定子を喜ばせた話がある。これは漢詩文集『白氏文集《はくしもんじゅう》』にちなんだやり取りで、唐代の詩人・白居易《はっきょい》は、香炉峰という山

明治期に描かれた清少納言

の雪は「簾《すだれ》を撥《かか》げて看る」という一文を詩に残した。清少納言は、この詩を知っていて機転を利かせたのだ。

これらのエピソードが示すように、平安時代の女性貴族が宮廷を生き抜くには教養が必要不可欠だった。

宮廷入りする娘や女官は厳選された美女ばかりだったので、容姿がいいのは当たり前。むしろ**天皇の風流な遊びに付き合えるか、皇后と粋《いき》な言葉遊びができるか。そんな頭の回転と知識の深さが求められていた。**

そのために、**女官や娘たちは漢文、歴史、和歌、音楽など多種多様な教養を身につける必要があった。**逆に美しくとも学のない女性は、宮廷内で軽んじられたというわけだ。表向きだと漢文や学問は男性のものとなってはいたが、実際は女性も学んでいたのである。

そうした教養を当時の女性はどこで身につけたか？　主な方法は家庭内教育だ。

父母や兄、教養のある親族を教師役として学び、時には女性の文化人を家庭教師にした。また、両親や夫の蔵書での独学も珍しくなかった。ただ、やはり学問は男のものという建前のため、堂々と勉強することは難しかったようだ。

『紫式部日記』によると、紫式部が亡き夫の漢書で勉強していたところ、女房《にょうぼう》（女官）に「そんな風でいらっしゃるから、幸せが少ないのです」とたしなめられたという。それ以降、紫式部は人前での勉強は控え、漢文も読めないふりをしたとされている。

地位向上には高い教養が必要なのに、大っぴらに勉強をすると批判を受けやすい。平安貴族の女性たちは、なかなかに複雑な社会を生きていたのである。

男女を問わない日記文学の隆盛——何が書かれていたのか？

日記は宮廷や寺院の記録を残す手段として古くから書かれていた。それが貴族の習慣となったのは、仁和《にんな》3年（887）に即位した宇多天皇の時代からだとされている。

天皇は政務や私的な時間を日記に記し、貴族たちにも日記の執筆を奨励《しょうれい》した。その理由については、「儀式関係の記録機能の充実」だとされている。そのため平安貴族の男性は、起床後に昨日の日記をつけることを義務とする。記録されるのは主に朝廷儀式・行事と日々の出来事だ。こうした日々の日記を「日次記《ひなみき》」といい、補足や詳細を記した日記を「別記」といった。

男性貴族が書くので、使用するのは漢文だ。また、正確に記録することが目的なので、筆者の感情や解釈は極力排した。そうして執筆された貴族の日記は、当時の宮廷事情を知る史料となることもある。

このような日記事情を変化させたのが、仮名文字の誕生である。漢文よりも心情をスムーズに表現できる文字の誕生で、女性がひらがなで日記を書くケースが出てきたのである。

そうした仮名文字日記が流行るにつれて、**事実性より物語性を重視した文学風の日記も誕生した**。その先駆けとなったのが『土佐日記』だ。成立時期は承平《じょうへい》5年（935）後半とされ、作者の紀貫之《きのつらゆき》は男性だ。

しかし、使われた文字はひらがな。「男もすなる日記といふものを女もして見んとてするなり（男性が書く日記を女の身で書いてみたいと思います）」と、記したように、女性が書いたという体《てい》でかな文字を使ったのである。

内容は貫之が赴任先の土佐（現高知県）から都に戻る道中の出来事を記しているが、作者の心情を和歌などで表し、脚色や虚構も多いことが特徴だ。なぜ漢文を拒んだのかは諸説あり、自由な表現を試したかったとする説も有力だ。

事実性よりも自由な意識や心情を重んじる表現スタイルは、当時の女性たちにも受け入れられ、『土佐日記』を境に文学風の日記が多数生まれることになる。

貴族に日記の執筆を推奨した宇多天皇

代表的な作品は『蜻蛉《かげろう》日記』である。成立は天《てん》延《えん》2年（974）。作者は藤原道綱母《みちつなのはは》、女性である。愛人を次々につくる夫との結婚生活や貴族社会の出来事を21年分も書き記し、全3巻に分割された内容は自伝としての要素も強い。『土佐日記』がどこまで影響したかはわからないが、自由な感情を発露した仮名散文という点では一致している。

また、和泉式部《いずみしきぶ》の『和泉式部日記』は『蜻蛉日記』より物語性が強く、文法は3人称で日付の記載もない。内容は敦道《あつみち》親王と和泉式部の恋模様だが、人物の心情に作者が介入するなどフィクション性も強い。そのため『和泉式部物語』と呼ばれることもある。

同様に菅原孝標女《すがわらのたかすえのむすめ》の『更級《さらしな》日記』も日記性が弱く、『源氏物語』にのめり込む作者の憧憬《しょうけい》と後悔をつづっている。この他にも、藤原長子《ちょうし》が堀河《ほりかわ》天皇との愛情と死などを描いた『讃岐典侍《さぬきのすけ》日記』が有名で、紫式部も物語風の日記を残している。

これらのような文学風の日記を「日記文学」と呼ぶ。ただし、日記文学は1922年に英文学者の土居光知《どいこうち》が『文学序説』のなかで使った造語である。

文学風の日記が流行した理由は、女性の身分や婚姻による束縛で生まれた不幸意識と情念の発散だとされている。男性貴族も仮名文字交じりの記録を残してはいるが、目的は子孫への継承や表現方法の模索。そのような男性の日記スタイルよりも、内面の感情をより重視していたといえよう。

こうした日記文学は14世紀頃まで宮中で続いていた。まさに平安時代は、男女を問わず様々な形で日記を重んじていたのだ。

物語文学の地位を向上させた『源氏物語』――どこが、どう凄いのか？

「物語」は古代村落や一族内の伝承説話から始まったとされる。単語として最初に使ったのは『万葉集』だ。しかし、独立した文学となったのは平安時代からである。すでに9世紀末頃には、漢学文人による漢文体物語が盛んに創作されていた。やがて、仮名文字の誕生で、感情や言葉を素直に表現できるようになると、物語は、主に女流作家の手により「仮名文学」として残されていく。

日本で現存する最古の物語は『竹取物語』である。竹取の翁《おきな》が竹林で光る竹を見つけたことから始まる物語で、現代でも『かぐや姫』というタイトルで有名だ。成立時期は9世紀後半から10世紀前半とされているが、正確な時期は不明。作者も不明だが、男性とする説もある。また、写本は仮名文字だが、原本は漢文だったともいわれる。

『竹取物語』以外にも、琴の名手の繁栄と顚末《てんまつ》を描く『うつほ物語』や、継子《ままこ》いじめと逆転劇を描く『落窪《おちくぼ》物語』など、多種多様な物語が創作された。こうしたフィクションの物語を「作り物語」という。

その一方で、和歌とそれを取り巻く状況を核として展開する物語を「歌物語」といい、9世紀末から10世紀前半にかけて宮廷で流行していた。代表的な歌物語といえば、奔放《ほんぽう》な歌人であった在原業平《ありわらのなりひら》をモデルにしたといわれる主人公と歌にまつわる『伊勢物語』だろう。

このように多種多様な物語文学が創作されていたのだが、その地位は意外なことに低かった。物語を構成する仮名文字は女性の字とされていたし、内容的にもファンタジーや冒険、恋愛譚《たん》など、子どもや女性向けが多かったからだ。

そのため平安中期までの物語文学は、女性や子どもの読み物として軽んじられていたのである。実際、平安当時の物語文学は大半が消失しており、『竹取物語』なども鎌倉時代以降の写本しか現存していない。

そうした物語文学の地位を向上させたのが『源氏物語』である。主人公の光源氏《ひかるげんじ》を取り巻く恋愛模様と貴族社会の権力闘争を描き、全54帖の3部構成となっている。紫式部がすべてを書いたか、他の者が書き足したかは諸説あるが、それまで最長だった『うつほ物語』全20巻を大きく超える大長編だ。

第一部は光源氏の誕生から帝に匹敵する権力を得るまでの栄光譚。第二部は正妻が病に倒れてから光源氏が出家を選ぶまでの没落譚。第三部は光源氏の子孫を主人公とした恋愛と苦悩を描いた完結編だ。

物語は宮廷で感じた喜びや苦悩を表現し、フィクションの展開に鮮明なリアリティを与えている。**それまでの物語にはない細かな心理描写や叙述が宮廷女性に受け入れられたのみならず、男性貴族にも話題にされた。**

一条天皇も『源氏物語』を読み聞かせてもらい、紫式部を「この人は日本紀《にほんぎ》をこそ読みたるべけれ。まことに才あるべし」と評価したという。つまり、「作者は日本書紀や漢文の知識が豊富だ」と褒《ほ》めたたえたのだ。実際、『源氏物語』の作中には漢詩文の引用がとても多い。

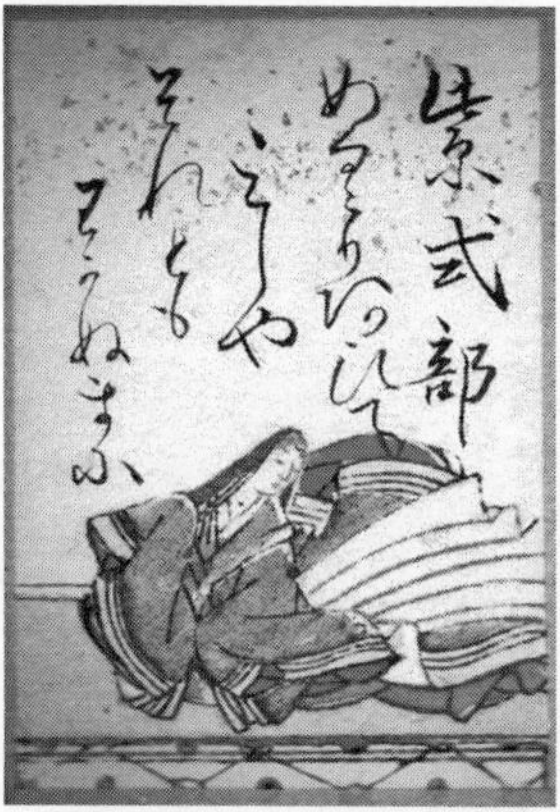

江戸時代のカルタに描かれた紫式部

また、寛弘《かんこう》5年（1008）には中宮《ちゅうぐう》が外出する際に『源氏物語』を携行していたとされ、その前後に成立した『為信《ためのぶ》集《しゅう》』という私歌集にも、源氏物語を題材とした歌が20首も掲載されている。**当時の宮廷貴族や皇族は、男女を問わず『源氏物語』に熱中していたのだ。**女子どもの読み物と見下されていた物語文学の価値が、『源氏物語』を境に一変したといっても過言ではない。

そんな『源氏物語』は紫式部の死後も文学に影響を及ぼし続けている。『浜松中納《ちゅうな》言《ごん》物語』『狭衣《さごろも》物語』『夜半《よわ》の寝覚《ねざめ》』『とりかへばや物語』などの作品には描写や人物設定に類似点が多く、ノンフィクションの『栄花物語』ですら、文体や叙述などに『源氏物語』の模倣が見える。

また、近世以降は庶民の文楽や歌舞伎の題材にもなり、20世紀以降は多種多様な現代語訳が出されたばかりか、外国語にも翻訳されて世界的に広まっている。

まさに『源氏物語』は、平安仮名文字文学の代表的な作品であり、日本の古典文学における金字塔《きんじとう》でもあるのだ。

1章

藤原氏はどのように歴史の舞台に躍り出たか

◉摂関政治が始まるまでの道のり

乙巳《いっし》の変《へん》の功労者としての鎌足──藤原氏の始祖はどんな人物か？

平安時代の朝廷で多大な権力を振るい、摂政《せっしょう》と関白《かんぱく》を輩出しつづけた藤原氏。では、藤原氏はなぜ、そこまでの地位まで上り詰めたのか。その経緯を追ってみたい。

藤原氏の始祖とされるのが鎌足《かまたり》で、当初は中臣鎌子《なかとみのかまこ》と名乗っていた。中臣氏は古くから神事と祭祀《さいし》をつかさどった中央豪族であり、祖神とされるのが天児屋命《あまのこやねのみこと》。『古事記』には、天の岩戸に天照大神《あまてらすおおみかみ》が隠れた際、岩戸の前で祝詞《のりと》を唱え、布刀玉命《ふとだまのみこと》とともに鏡を差し出したとされる。天孫降臨《てんそんこうりん》で邇邇芸命《ににぎのみこと》が高天原《たかまがはら》から地上へ降り立ったときには、随伴《ずいはん》したとの記載もある。

藤原氏の由来を記した『藤氏家伝《とうしかでん》』上伝によると、鎌子は小徳冠《しょうとくかん》（冠位十二階の2番目）の中臣御食子《みけこ》と大伴夫人《おおともぶにん》の長子として推古34年（626）に生まれたとある。

しかし、仲郎（次男）という字名と没年からの逆算から、実際は推古22年（614）生まれの第二子だとする説もある。それが長男として家伝に載ったのは、第一子が早世したか、長男の母親の身分が低かったからだとも考えられている。

出生地は家伝によると藤原之第《ふじわらのだい》（奈良県橿原市《かしはら》）だが、談山《たんざん》神社の伝承を伝える「多武峰縁起絵巻《とうのみねえんぎえまき》」には大和国大原とある。現在の奈良県高市《たかいち》郡明日香村小原《あすかむらおおはら》である。幼少期に鎌足は、元遣唐使で学問僧である南淵請安《みなぶちのしょうあん》の私塾で漢学を学んでいた。20代で一時、摂津《せっつ》国（現大阪府の一部）の三嶋へ隠遁《いんとん》するが、その原因と時期には諸説ある。

『日本書紀』では、皇極《こうぎょく》3年（644）元日に神祇伯《じんぎはく》（諸国の官社を司る長官）に任ぜられたところ、病を理由に三嶋の別荘に籠《こも》ったとされている。しかし、家伝では、舒明《じょめい》期の初め（630年頃）に朝廷が「良家の子」を選んで錦冠《きんかん》を授け、宗業（祭官）を継がせようとしたところ、鎌子は固辞して三嶋に隠遁したと記されている。ただ、当時はまだ神祇伯の役職はないので、家伝の記述の信憑性《しんぴょうせい》が高いようだ。

菊池容斎の『前賢故実』に描かれた藤原鎌足

鎌子が隠遁していた当時、ヤマト王権

で権勢を振るっていたのが蘇我《そが》氏である。王権の財政を担って台頭した蘇我氏は、軍事豪族である物部《もののべ》氏と対立するも、丁未《ていび》の乱で討ち滅ぼし、馬子《うまこ》の代で全盛期を迎える。

崇峻《すしゅん》5年（592）には崇峻天皇を暗殺して推古天皇を立て、政権を掌握。天皇や厩戸皇子《うまやどのおうじ》（聖徳太子）とともに政策を推し進め、聖徳太子の偉業とされる「十七条憲法」や「冠位十二階」も馬子の意向によるものとする説もある。

推古30年（622・621年説もあり）に厩戸皇子が、推古34年（626）には馬子が没し、2年後には推古天皇が崩御する。馬子の跡を継いだのが蝦夷《えみし》で、舒明《じょめい》天皇を擁立して宮廷の権力を強めた。

そして13年の在位で舒明天皇が崩御すると、蝦夷と子の入鹿《いるか》は皇極《こうぎょく》天皇の擁立《ようりつ》に加担。病床に伏した蝦夷は大臣（臣下の筆頭職）の役職を入鹿に与え、入鹿は皇位継承者として有力視されていた聖徳太子の子、山背大兄王《やましろのおおえのおう》を滅ぼして政治の実権を掌握した。

そのほかにも入鹿は邸宅を並び建てて蝦夷の家を「上《うえ》の宮門《みかど》」、自分の家を「谷《はざま》の宮門」といい、自分の子どもたちを王子と呼ぶ。また、皇室行事を独断で代行するなど、目に余る振る舞いをおこなう。鎌子はこうした蘇我氏の横暴に義憤を感じ、入鹿討伐に向けて暗躍を始める。

最初、鎌子は軽皇子《かるのみこ》（後の孝徳《こうとく》天皇）に協力を求めた。だが、旧知の仲であった皇子は鎌子に好印象を抱いたものの、鎌子は皇子を実力不足と感じてしまう。そこで鎌子は別の皇子を仲間に引き入れる。それが中大兄皇子《なかのおおえのおうじ》、後の天智《てんじ》天皇だ。

中大兄皇子は舒明天皇を父に持ち、母は皇極天皇という、この上ない血筋であった。鎌子は蹴鞠《けまり》（『日本書紀』では打毬《だきゅう》）の場で偶然に皇子と出会い、意気投合した2人は蘇我氏打倒に決意を固めたとしている。後世の創作だとする説もあるが、皇子と鎌子が協力関係を結んだことは確かだ。

皇極4年（645）、**鎌子一派は蘇我氏へのクーデターを決行**。大極殿《だいごくでん》で半島の使者を迎える儀式がおこなわれていたところ、中大兄皇子が入鹿に突如として斬りかかった。

それを合図に他の協力者たちも一斉に襲い掛かり、入鹿は死亡。父の蝦夷も討伐軍を差し向けられ、屋敷に火を放ち自害した。これが古代史最大のクーデター「乙《いっ》巳《し》の変」の顛末《てんまつ》だ。なお、鎌子が鎌足に改名したのも、この事件の前後とされる。

クーデターの後、鎌足は皇子の補佐を務める。白雉《はくち》5年（654）年には紫冠《しかん》の位を授かり、天智2年（663）の白村江《はくすきのえ》の戦いで倭国が大敗してからは、半島・大陸との外交に奔走《ほんそう》する。

しかし天智8年（669）、鎌足は病に倒れる。この前年に天智天皇となった中大兄皇子は幾度も見舞いに訪れ、命乞いの儀式もしたが効果はなかった。そして同年10月、**天智天皇は鎌足に最高位の大織冠《たいしょかん》と大臣位にくわえ、藤原の姓まで授けた。**鎌足が病死したのはこの翌日である。

こうしてクーデターの功労者は「藤原鎌足」となり、平安時代の朝廷を牛耳る藤原氏の歴史が始まったのである。

藤原氏、隆盛の始まり――天皇の外戚として勢力を伸ばした不比等

藤原氏の始祖は鎌足だが、権勢の基礎を築いたのは不比等《ふひと》である。不比等は鎌足の次男として斉明《さいめい》5年（659）に誕生。天智天皇の落胤《らくいん》とする説もあるが、裏付けとなる史料はない。

そんな不比等は鎌足と長男の死で藤原の姓を継承したが、当時はまだ11歳。そのため官人としての地位は親戚の中臣金《かね》が継ぎ、不比等は渡来人《とらいじん》系官吏の田辺史大隅《たなべのふみとおおすみ》に預けられていた。

天智10年（672）、天智天皇が崩御すると、皇位をめぐって天皇の皇子である大友皇子《おおとものおうじ》と弟とされる大海人皇子《おおあまのおうじ》（後の天武《てんむ》天皇）が対立。壬申《じんしん》の乱が勃発する。このとき、金は大友側について処刑されるが、不比等はまだ14歳だったので免れている。

しかし、中臣氏の政治力の低下により、不比等も大舎人《おおとねり》からの出発となった。いわば宮中の雑用役で、一説には天武天皇の第一皇子・草壁皇子《くさかべのおうじ》に仕えていたという。

ただ、藤原（中臣）氏はさほど冷遇されてもいなかったようだ。実際、天武天皇の夫人には鎌足の娘が2人いるし、不比等も天武7年（678）頃に蘇我連子《むらじこ》の娘を娶《めと》っている。

この婚姻で**不比等は蘇我氏を通して天皇と外戚関係を結び、同時に乙巳《いっし》の変《へん》後も保たれていた蘇我の尊貴性を藤原の血筋に組み込んだ。**姻戚関係の構築による権力強化の基礎は、この時点でつくられていたともいえる。

持統《じとう》3年（689）、不比等は判事に命じられ、文武《もんむ》元年（697）には文武天皇の即位を助けて朝廷の信任を得る。そうした不比等の功績といえば律令《りつりょう》の編纂《へんさん》だ。律令とは古代国家における基本的な法典のことで、律は刑法、令は民法や行政法などに相当する。

天皇の即位直後に本格化した律令の編纂に際し、不比等は主導的な役割を果たした。文才と法令に秀でた実績と、渡来人に養育された経験から律令に詳しかったことを買われたのだ。条文解釈を自ら定めるなど、法整備を先導して政治の表舞台に上がる。こうして大宝《たいほう》元年（701）に形となったのが、日本で最初の本格的な律令「大宝律令」である。

一方で不比等は、娘の入内《じゅだい》による天皇との関係構築も強化した。即位直後の文武天皇に娘の宮子《みやこ》を嫁がせ、皇后に次ぐ夫人位を獲得させる。そうした権力強化によって、文武2年（698）に不比等は、皇族以外では最高位の朝臣《あそん》に認定される。これにより、藤原姓を継げる者は朝臣である不比等の血統のみとなり、その他は旧中臣姓に戻すことになる。

やがて**天皇とのあいだに首《おびと》親王（後の聖武《しょうむ》天皇）が誕生すると、娘の光明《こうみょう》子《し》（後の光明皇后）を嫁がせて外戚関係を維持。不比等は婚姻戦略で、皇統に直結する一族**

藤原氏と皇室の関係

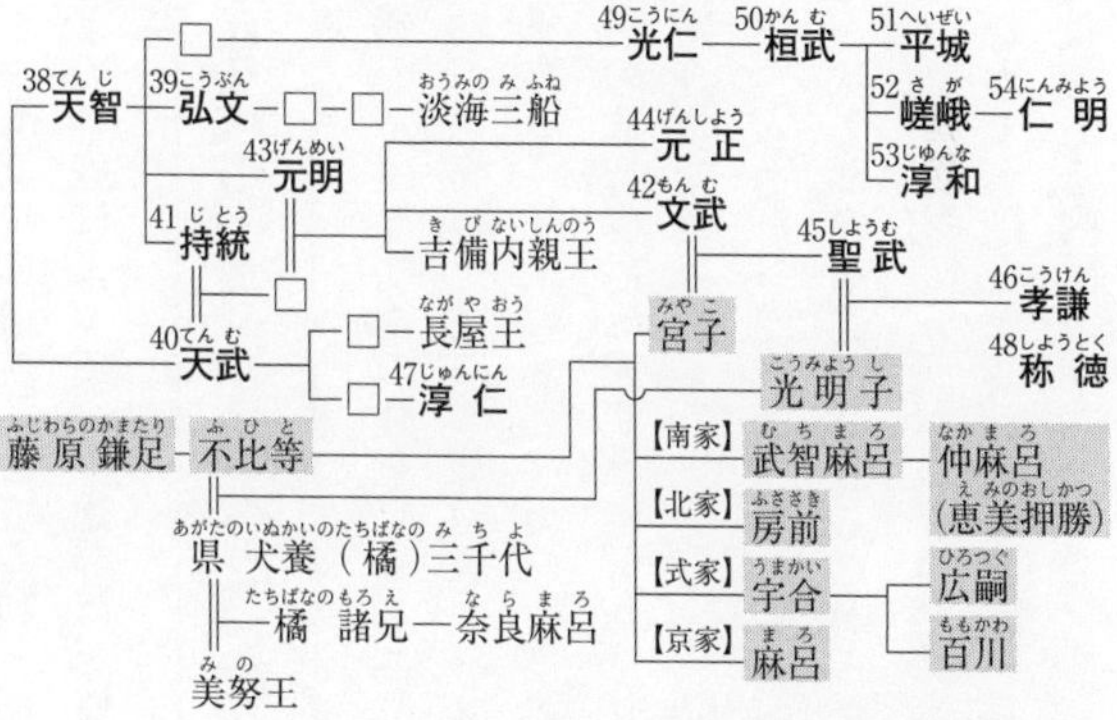

※数字は皇統紀による即位順（46代と48代は重祚《ちょうそ》）

として権力をより強大なものとする。

政治の面では遣唐使を通じた唐との外交、貨幣経済の導入といった功績によって日本の基礎を形成。その裏には、後宮に大きな権力を持つ後妻の県犬養三千《あがたのいぬかいのみち》代《よ》の下支えもあった。そして和銅《わどう》3年（710）の平城京遷都《せんと》も、不比等の助言で決定したとされている。

首皇子の即位が近づくと不比等は律令の改定を進めていくが、完成を待つことなく養老《ようろう》4年（720）に病死。このとき改定が始まった律令は、幾度かの中断を経て「養老律令」として天平宝字《てんぴょうほうじ》元年（757）に施行されている。

死後、不比等は太政大臣の位が贈ら

れ、子孫も高位の血統として有利となった。律令制度の整備を含む功績の数々と天皇家との姻戚によって、不比等は藤原氏興隆の土台を形成したのである。

南北式京家の始祖となった藤原四子《しし》――どんな陰謀で権力を掌握したのか?

朝廷から藤原朝臣の姓を賜《たまわ》ったことにより、藤原家は不比等の血筋のみに限定された。不比等の死後に、その家系を継いだのは4人の息子たち。いわゆる「藤原四《し》子《し》」である。

長男の武智麻呂《むちまろ》は天武9年(680)に生まれ、母親は第一婦人の蘇我娼子《そがのしょうし》。不比等死後の養老5年(721)には中納言に任じられ、四子の中核的な役割を担った。後に大納言への出世を果たし、「藤原南家《なんけ》」の始祖となる。なお、南家の由来は邸宅が次男邸の南側に位置したからだ。

その次男である房前《ふささき》は武智麻呂の翌年に同じ母親から生を受け、政治手腕は4兄弟のなかでも随一とされた。実際、長男の武智麻呂よりも早く参議となり、天皇の補佐役である内臣(うちつおみ/ないしん)の職を与えられた。

房前が興した「藤原北家《ほくけ》」は四家のなかで最も栄え、藤原摂関家として宮廷で高い権力を得ることになる。藤原道長も房前の子孫である。ちなみに、北家とは南家より北側に邸宅を構えていたのが由来だ。

三男の宇合《うまかい》は娼子の最後の子どもとされている（諸説あり）。出生は持統8年（694）。式部卿《しきぶきょう》に出世したことから、宇合の家系は「藤原式家」と呼ばれる。霊亀《れいき》2年（716）の遣唐使では副使を任され、神亀《じんき》元年（724）の蝦夷反乱の鎮圧に出征するなど文武の両面に功績を残した。一族は北・南家より発展はしなかったが、四兄弟の病死後に衰退した藤原家を再興したのも、この家系である。

四男の麻呂は四兄弟で唯一母親が違う。母の五百重娘《いおえのいらつめ》は天武天皇の元夫人で、不比等の異母妹に当たる。崩御後に不比等の妻となり、宇合の翌年に麻呂は産まれている。左京大夫《さきょうのだいぶ》として都の司法・警察を司り、子孫は「藤原京家」となった。こうして、藤原家は「南北式京」の四家に分立したのである。

こうした四兄弟の興隆に深く関わる事件が「長屋王《ながやおう》の変」だ。長屋王は天武天皇の長男・高市皇子《たけちのおうじ》の長子で、不比等死後の宮廷を実質取り仕切った人物だ。

神亀6年（729）、長屋王が謀反《むほん》を企てているという密告が朝廷にもたらされ

藤原氏に謀反をでっちあげられた(?)長屋王

た。聖武天皇は宇合に命じて軍を差し向け、長屋王は私邸で自害。妃の吉備《きび》内親王とその他の親族も死に追いやられている。

　この事件の裏には、長屋王の皇位継承問題があった。聖武天皇は、神亀4年（727）に誕生した基王《もといおう》を後継に指名したが、翌年に夭折《ようせつ》してしまう。もし藤原系の娘から世継ぎが産まれなければ、長屋王の一族にも皇位継承の機会が巡ってくる。すでに長屋王には子の膳夫王《かしわでおう》がおり、皇位を継承すれば藤原氏は天皇との外戚関係が崩れて朝廷権力を失うことになる。

　そのため**四兄弟が謀反を捏造《ねつぞう》して、長屋王を謀殺したと考えられている。**つまり、長屋王の謀反疑惑は冤罪《えんざい》だった可能性が非常に高いのだ。

　長屋王の死後、武智麻呂は大納言として政権の首班となった。天平3年（731）には同じ大納言の大伴旅人《おおとものたびと》の急死によって、宇合と麻呂も朝廷の最高機関である参議に上げられ、**四兄弟全員が議政官となった。これによって宮廷政治は四兄弟に**

事実上掌握されたことになる。

さらに天平6年（734）、武智麻呂が右大臣となったことで、四兄弟の権勢は揺るぎないものとなる。ここに武智麻呂を頂点とする四子体制が確立されたのである。

光明《こうみょう》皇后の信任を得た仲麻呂——藤原氏の再興を果たしたが…

謀略で長屋王を葬《ほうむ》り、朝廷支配を確立させた藤原四兄弟。武智麻呂と房前の娘も聖武天皇の後宮に入り、支配体制は磐石《ばんじゃく》であるかと思われた。

しかし好事魔《こうじま》多し。天平9年（737）、天然痘《てんねんとう》の大流行で四兄弟全員が病死してしまう。これを機に右大臣の橘《たちばなの》諸兄《もろえ》は権力奪取を目指し、天平12年（740）に藤原宇合の長男・広嗣《ひろつぐ》による謀反（藤原広嗣の乱）の失敗により、藤原氏の勢いは停滞することになった。

謀反の最中、聖武天皇は東国行幸《とうごくぎょうこう》を強行する。鎮圧された後には恭仁京《くにきょう》（京都府木津川市《きづがわし》）、紫香楽京《しがらきょう》（滋賀県甲賀市）、難波京《なにわきょう》（大阪市）と都を幾度も遷都し、宮廷政治は混迷を極めていく。そうした混乱の最中に台頭したのが藤原仲麻呂《なかまろ》だ。

仲麻呂は武智麻呂の次男。すなわち南家の系統である。橘政権下でも天平11年（739）に従五位上《じゅごいじょう》、正五位下《しょうごいげ》と順調に出世を果たし、聖武天皇の東国行幸でも前騎兵大将軍として同行している。長男の豊成《とよなり》を差し置いて次男が皇后に支援された理由も、行幸中に見せた実務能力で信頼を得たことによる。

天平15年（743）の参議任官を境に諸兄とも本格的に対立するが、天平17年（745）の**平城京再遷都の成功で、仲麻呂の権威は拡大**。天平勝宝《てんぴょうしょうほう》元年（749）には**仲麻呂の推す阿倍《あべ》内親王が孝謙《こうけん》天皇として即位すると、自身も大納言に昇進**し、権力は諸兄を凌駕《りょうが》し始める。ちなみに孝謙天皇は聖武天皇と光明皇后の娘であり、仲麻呂とは幼い頃から仲がよかったらしい。

こうした仲麻呂の躍進の裏には光明皇后（孝謙天皇即位後は皇太后）の支援があった。仲麻呂は皇后の異母兄弟にあたる。奈良時代の正史である『続日本紀《しょくにほんぎ》』によると、仲麻呂は年少時代に算術を学び、すぐれた学才を発揮。秀才の誉《ほま》れが高かったという。

広嗣の乱後から仲麻呂は妻を通じて後宮の皇后と縁を結び、東国行幸後のスピード出世にも光明皇后の推挙が関わっている。天皇が孝謙天皇となっても、**光明皇太**

后は娘の後見役という権限を維持し、仲麻呂が政治を取り仕切る協力体制が確立される。そして実力者である橘諸兄が天平宝字元年（757）に亡くなると、朝廷は事実上の仲麻呂独裁体制となったのだ。

権力を確立した仲麻呂は、藤原氏とは別の「藤原部《ふじわらべ》」という姓を「久須波良部《くすはらべ》」と改めさせ、鎌足や不比等という名を称することを禁止。不比等が着手していた「養老律令」を施行し、「紫微中台《しびちゅうだい》」を設置する。

紫微中台は表向き、皇太后の家政機関だが、実態は政務機関である「太政官《だいじょうかん》」とは別の国政機関である。ここから皇太后の令旨《りょうじ》（命令）が発せられることとなり、その長官に仲麻呂は就任する。つまり皇太后の命令という名目で、仲麻呂が政治を左右することになり、主な令旨は軍事行動であった。

そんな仲麻呂の行動に反発勢力が沸き起こり、専横に対して反旗を翻《ひるがえ》す人物が出た。橘奈良麻呂《ならまろ》である。諸兄の子である奈良麻呂は、クーデターを計画。しかし密告によって漏洩《ろうえい》し、奈良麻呂の企《くわだ》ては頓挫《とんざ》する（橘奈良麻呂の乱）。その後、仲麻呂に対抗する人物は現れず、仲麻呂政権とも呼べる磐石な体制は確立された。

そんな仲麻呂は官名を唐風に改め、自らは右大臣に相当する「太保《たいほ》」に就任。天平宝字2年（758）には孝謙天皇が譲位し、仲麻呂が擁立した淳仁《じゅんにん》天皇が即位する。仲麻呂には「恵美《えみ》」の姓が加えられ、押勝《おしかつ》という名が与えられた。これにより、仲麻呂の正式な名前は「藤原恵美朝臣《えみのあそみ》押勝」となる。

さらに、功封《こうふ》（功績によって支給された税を徴収できる戸）3000戸、功封100町（約1平方キロ）が永代にわたって支給される。貨幣の鋳造《ちゅうぞう》や出挙《すいこ》（有利子賃借）も認められ、最高位である太師《たいし》（太政大臣）にも任じられ、仲麻呂は地位や権力だけでなく、巨大な経済基盤も確立したのである。

鎌足で兆しを見せ、不比等と4兄弟が基礎を築いた藤原氏の権勢は、いったん凋落《ちょうらく》はしたものの仲麻呂が見事に復活させた。だが、そんな仲麻呂の政権も揺らぎを見せ始める。

天平宝字4年（760）に光明皇太后が死去すると、孝謙上皇は政治的な独立心を強め、淳仁天皇としばしば対立。さらには僧侶・道鏡《どうきょう》を過度に寵愛《ちょうあい》し仲麻呂を疎《うと》んじるようになると、仲麻呂は国司や参議に一族を多く配して権勢を保とうとした。

さらに劣勢を覆すため、仲麻呂は都督四畿内三関近江丹波播磨等国兵事使《ととくしきないさんげんおうみたんばはりまとうこくひょうじし》に就く。これは畿内を中心とする要衝の軍を統括する職だったが、その真意は淳仁天皇と結託しての道鏡・孝謙の排除だったという。

だが密告で孝謙側に先手を打たれ、上皇は鈴印《れいいん》（御璽《ぎょじ》と駅鈴《えきれい》）を回収。これらがないと令旨は下せず、役人も諸国を回ることができなくなる。つまり上皇は、仲麻呂に発令できないよう手を下したのだ。

その後、淳仁天皇は幽閉。仲麻呂は平城京を脱出するが、琵琶湖で追討軍に討ち取られてしまう。この「藤原仲麻呂の乱」の敗北で連座した淳仁天皇は廃位となり、上皇は再び即位（重祚《ちょうそ》）して称徳天皇となる。仲麻呂が中心となった南家の興隆は終わりを告げたのである。

藤原永手《ながて》・百川《ももかわ》・良継《よしつぐ》の活躍——藤原氏の再浮上を担った3人

藤原仲麻呂の乱の鎮圧後も、藤原氏の権勢が消失したわけではない。官位五位以上の藤原氏の官人が27人も登用されたように、藤原氏は称徳天皇時代でも勢力を保っていたのだ。こうした藤原氏を再び政権主導の立場に押し上げたのが、藤原永手《ながて》、藤原百川《ももかわ》、藤原良継《よしつぐ》だ。

永手は房前の次男で、長男・鳥養《とりかい》の病死により北家の長となった。当初は仲麻呂の支援で武部卿《ぶぶきょう》に出世したが、乱では孝謙上皇側に味方し勢力を保った。乱の最中にはすでに大納言に任ぜられ、天平神護《じんご》2年（766）には右大臣となり、さらには左大臣に就任するなど、その出世は異例の早さであった。

こうした早期の出世は、故天智天皇が残したという「誄《しのびごと》の書」に基づくものとされる。その内容は「鎌足と不比等の子孫で最も清く朝廷に奉仕する者を優遇する」というものだが、原本や写しが現存しておらず、実在性には疑問符がつく。

神護景雲《けいうん》4年（770）、称徳天皇が崩御すると後継者の選定が問題となった。独身のまま女帝となった**称徳天皇には世継ぎがいなかったためだ。永手はこれを好機として白壁王《しらかべおう》の擁立を画策する。**

白壁王は天智系の血筋で62歳と高齢だったが、妻は聖武天皇の娘・井上内親王《いのえないしんのう》であり息子の他戸王《おさべおう》もいた。天武～聖武の血統から即位するのが従来の流れだが、すでに即位可能なものはおらず、いたとしても臣籍《しんせき》に降下（皇族が天皇から「姓」を賜って臣下になる）した者が大半だ。よって、天智系でありながら聖武系の娘を娶《めと》った白壁王に白羽の矢が立てられたのだ。

藤原氏を再浮上させた3人の系図

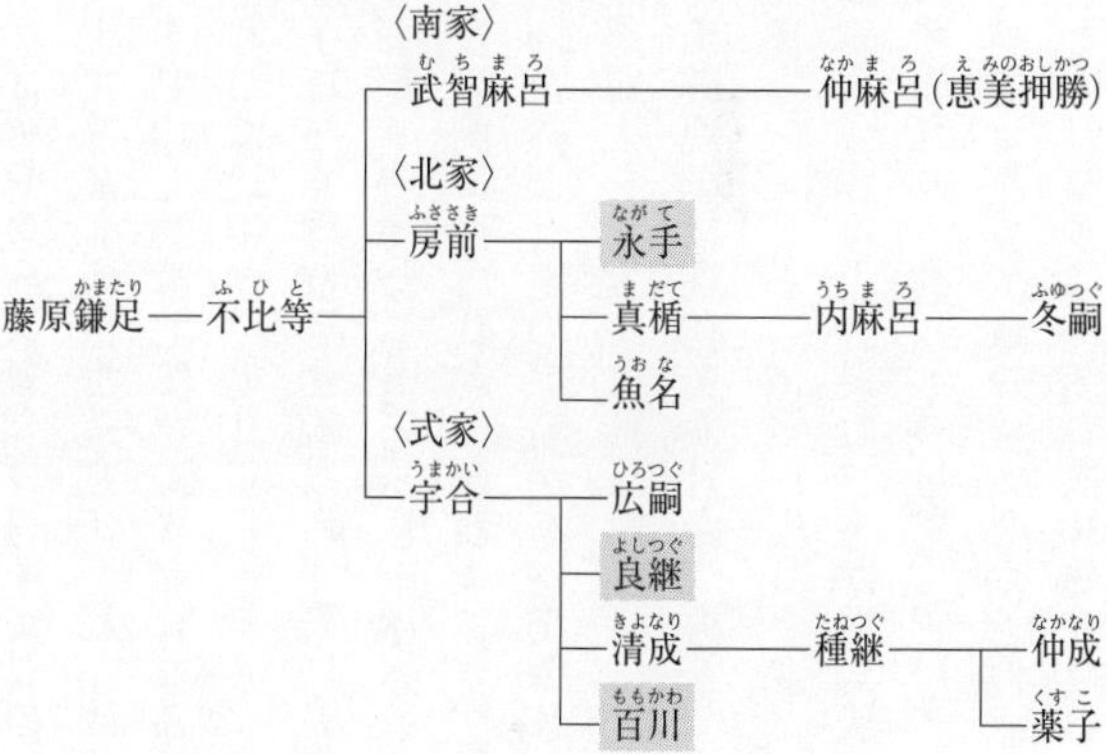

ここで永手に味方したのが、従弟である式家の良継と百川だ。

宇合の次男・良継は仲麻呂への謀反疑惑で一時失脚していたが、乱後に復帰し参議となった。称徳天皇崩御後は弟の百川と手を組み、永手に味方し白壁王の擁立に協力する。平安時代に編纂された史書『日本紀略《きりゃく》』によると、称徳天皇の宣明を偽作したとされている。

これにより白壁王は光仁《こうにん》天皇として即位。永手は宝亀《ほうき》2年（771）に死去するが、良継を内臣に指名して権力基盤の強化を図る。良継はこの立場を利用し、官人の昇進や降格権を牛耳ったという。

さらには百川もこの年に参議となり、

永手の弟の魚名《うおな》が大納言、南家で仲麻呂の甥である縄麻呂《ただまろ》が中納言に進んだ。天智系として権威に乏しい光仁天皇は、貴族との協調が不可欠であり、藤原氏はその関係性を利用し復権していくことになる。

そうした最中の宝亀3年（772）、井上皇后が廃されるという事件が起きる。他戸《おさ》《べ》皇子を早く即位させるため、光仁天皇の呪殺《じゆさつ》を謀《はか》った疑惑がかかったからだ。宇智《うち》郡（現奈良県五條市）に幽閉された皇后と皇子は2年後に死亡。光仁天皇と高《たか》野新笠《ののにいがさ》の間に生まれた山部《やまべの》親王（後の桓武《かんむ》天皇）が新たな皇太子となるのだが、この裏には良継と百川の謀略があったとされている。

山部親王を皇太子に推したのは、このふたりだ。その理由については、聡明とされた山部親王に期待をかけた、もしくは恩を売って式家の台頭を目指したなど諸説がある。

さらに、南家との結びつきが強い天武系を根絶やしにし、式家を藤原氏の有力一族にするため、あえて天智系の復活を願ったとの説もある。しかし山部親王の母親、高野新笠は皇族ではなく、しかも渡来系のため皇位を継ぐことは困難。そこで井上皇后と他戸皇子に、濡れ衣を着せたというわけだ。

天皇家と藤原系の略系図

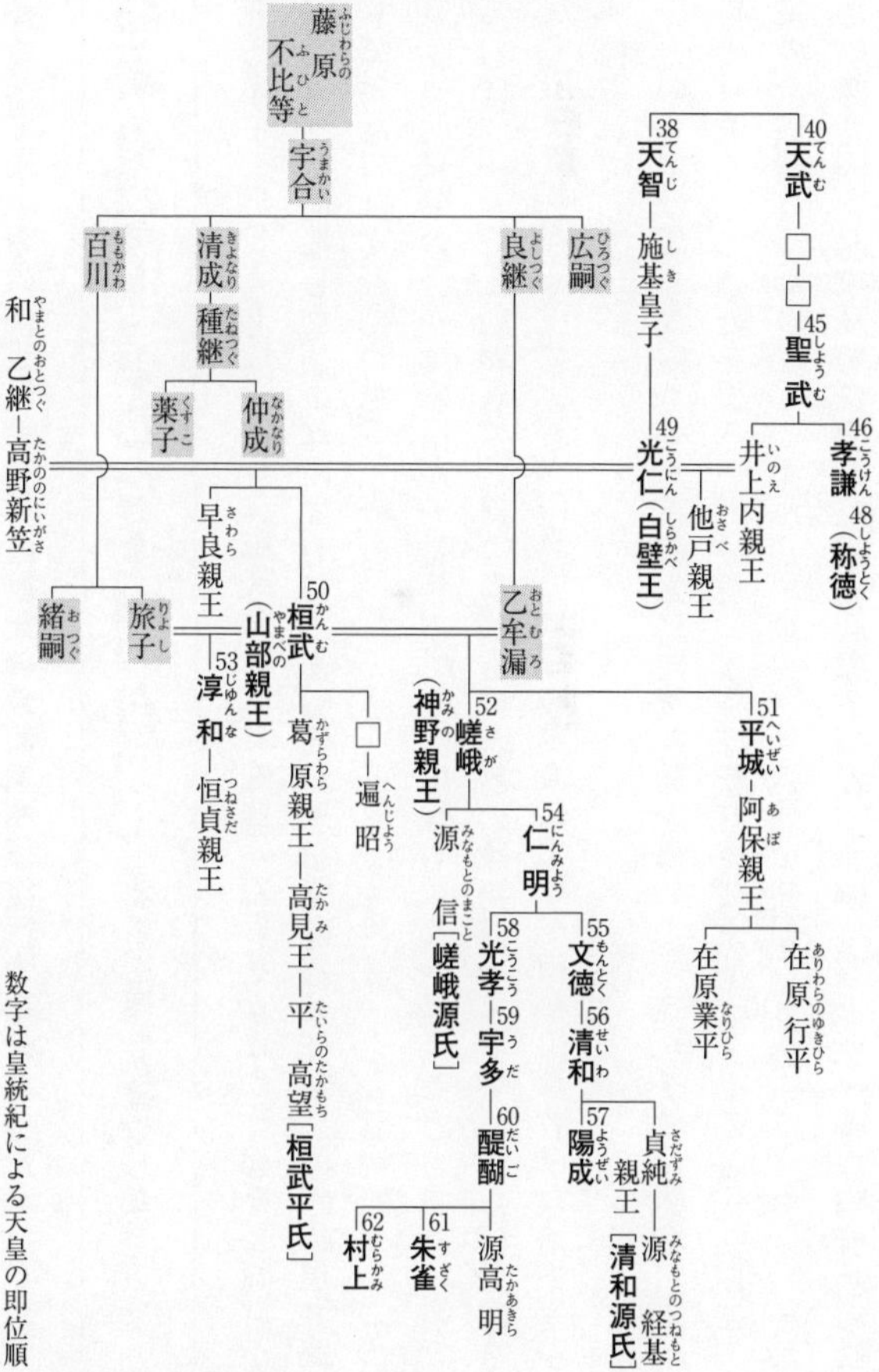

かくして永手らの策謀により、藤原氏の政治主導は復活するのだった。

他家の凋落《ちょうらく》に乗じた冬嗣の台頭——北家の優位が確定した事情

天応《てんおう》元年（781）に即位した桓武天皇は、延暦《えんりゃく》13年（794）に都を長岡京から平安京へと遷都した。これによって平安時代が幕を開けたのだが、この時点で繁栄していたのは式家だった。

京家は四兄弟のなかで麻呂が一番年下で子女の数も少なかったこともあり、当初から力は弱かったといわれている。南家も仲麻呂の敗死以降は劣勢。さらに大同《だいどう》2年（807）に起きた伊予《いよ》親王の謀反疑惑の余波により、南家出身者は政治中枢から一掃されてしまう。

一方の式家は娘を入内させた桓武天皇の後ろ盾を得て、以降も平城《へいぜい》、嵯峨《さが》、淳和《じゅんな》天皇の外戚として権力を振るっていた。まさに奈良時代末期から平安時代初期は、式家の全盛期だったのだ。

この勢力図を北家優勢に変えたのが藤原冬嗣《ふゆつぐ》だ。冬嗣は右大臣・藤原内麻呂《うちまろ》の次男であり、大同元年（806）には春宮坊《とうぐうぼう》の一員として神野親王《かみの》（後の嵯峨天皇）に仕えた。春宮坊とは、皇太子関連の政務を司る部署である。一方、内麻呂と兄の真《ま》夏《なつ》は平城天皇に仕え、病弱な神野親王が早世しても対応できるように、万全の体制が敷かれたのである。

この内麻呂の方策は功を奏した。大同4年（809）、平城天皇は難病を理由に皇位を神野親王に譲った。

こうして即位した嵯峨天皇だが、直後に病を患い、政務の遂行すら困難となってしまう。これを好機と見たのが平城上皇だ。病から回復した上皇はこれを重祚のチャンスと捉え、旧平城京から政策に口出しするようになったのだ。

この「二所朝廷《にしょ》」の対立の最中、冬嗣は嵯峨天皇に蔵人所《くろうどどころ》の頭に任ぜられている。機密文書の管理や宮中の諸雑事を担う部署の新設により、天皇は平城側への対抗を強めようとしたのだ。

そして弘仁《こうにん》元年（810）、平城上皇が平城京への再遷都を宣言したことにより、嵯峨天皇はただちに反撃を開始した。伊勢、近江、美濃の三国に厳戒態勢を敷くとともに、平城天皇側近の式家仲成《しきけなかなり》を捕縛《ほばく》（後に処刑）。上皇は東国での蜂起を企てたものの、嵯峨天皇の軍に阻まれ旧平城京に撤退した。

敗戦後、平城上皇は出家し、愛妾《あいしょう》の藤原薬子《くすこ》は服毒自殺。**「平城太上《だいじょう》天皇の変（薬子の変）」は嵯峨天皇の勝利に終わり、有力者を失った式家も急速に衰退していった。**

騒動による他家の没落は、北家にとってはまさに好機であった。事件の翌年には冬嗣が参議に昇進し、弘仁8年（８１７）に中納言に任ぜられた。そして病床に伏《ふ》した右大臣・藤原園人《そのひと》の代役を務め、翌年に大納言、弘仁12年（８２１）には父と同じ右大臣に出世を果たす。

この出世速度は式家・百川の長男・藤原緒嗣《おつぐ》を上回り、右大臣の就任時は47歳と歴代４位の若さである。こうした**異例の出世は、嵯峨天皇が冬嗣をどれほど重用したかを物語っている**だろう。

また、息子たちに嵯峨天皇の皇子たちと同じ「良」の字をつけることで、天皇との強い関係性を他の貴族にアピールしてもいる。

このような出世の傍らで、冬嗣は独自の大学施設である勧学院を創設して、一族子弟の育成にも励んだ。さらには弘仁14年（８２３）に淳和天皇が即位すると、その皇太子である正良《まさら》親王（後の仁明《にんみょう》天皇）にも娘を嫁がせ外戚の地位も狙っている。

冬嗣は天長2年（825）には左大臣として国政を事実上掌握するのだが、その翌年に急死。しかし他家没落の隙を狙った冬嗣の下地づくりにより、北家は平安時代を通じて繁栄していくことになる。

摂関政治の始まり——人臣初の摂政に任じられた良房

冬嗣死去のあと、北家の長を引き継いだのが良房《よしふさ》だ。良房は嵯峨天皇からの信任が厚く、弘仁14年（823）には嵯峨天皇の皇女である源潔姫《みなもとのきよひめ》と婚姻を結んだ。なお、当時は皇女が臣下に嫁ぐ前例はないので、潔姫を臣籍に降下させての結婚だった。嵯峨天皇が特例を許したのは、良房の「倫を超えた風操（際立った品格）」と資質を評価してのことだったという。

当然出世も早く、承和《じようわ》2年（835）には権中納言《ごんのちゆうなごん》に任ぜられ、皇太子の地位をめぐった承和9年（842）の「承和の変」にて他家排斥《はいせき》が進むと大納言となる。さらには、良房と潔姫の間に生まれた明子《あきらけいこ》が文徳《もんとく》天皇に嫁ぎ、嘉祥《かしよう》3年（850）に惟仁《これひと》親王（後の清和《せいわ》天皇）が誕生した。

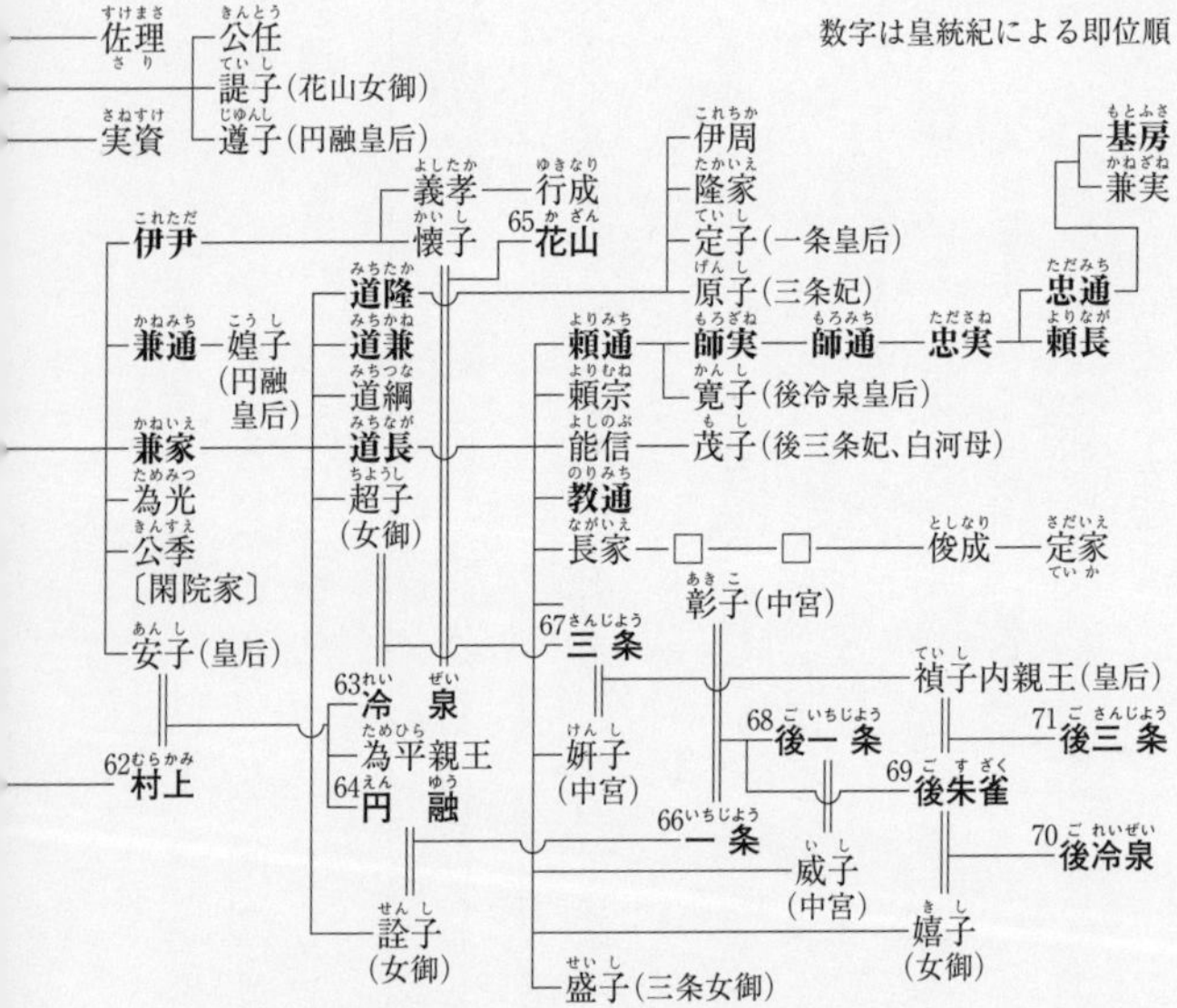

これによって良房は天皇の外祖父として権力を強め、さらに天安《てんあん》元年（857）には太政大臣に任じられた。太政大臣は養老令で定められた最高官職で、それまでに任ぜられた者は皇族2名と太政大臣禅師の道鏡、太師の藤原仲麻呂しかいない。

天安2年（858）、文徳天皇の急死で清和天皇が即位した。しかし天皇はまだ9歳で政務の遂行は不可能である。そこで摂政として

藤原北家の系図

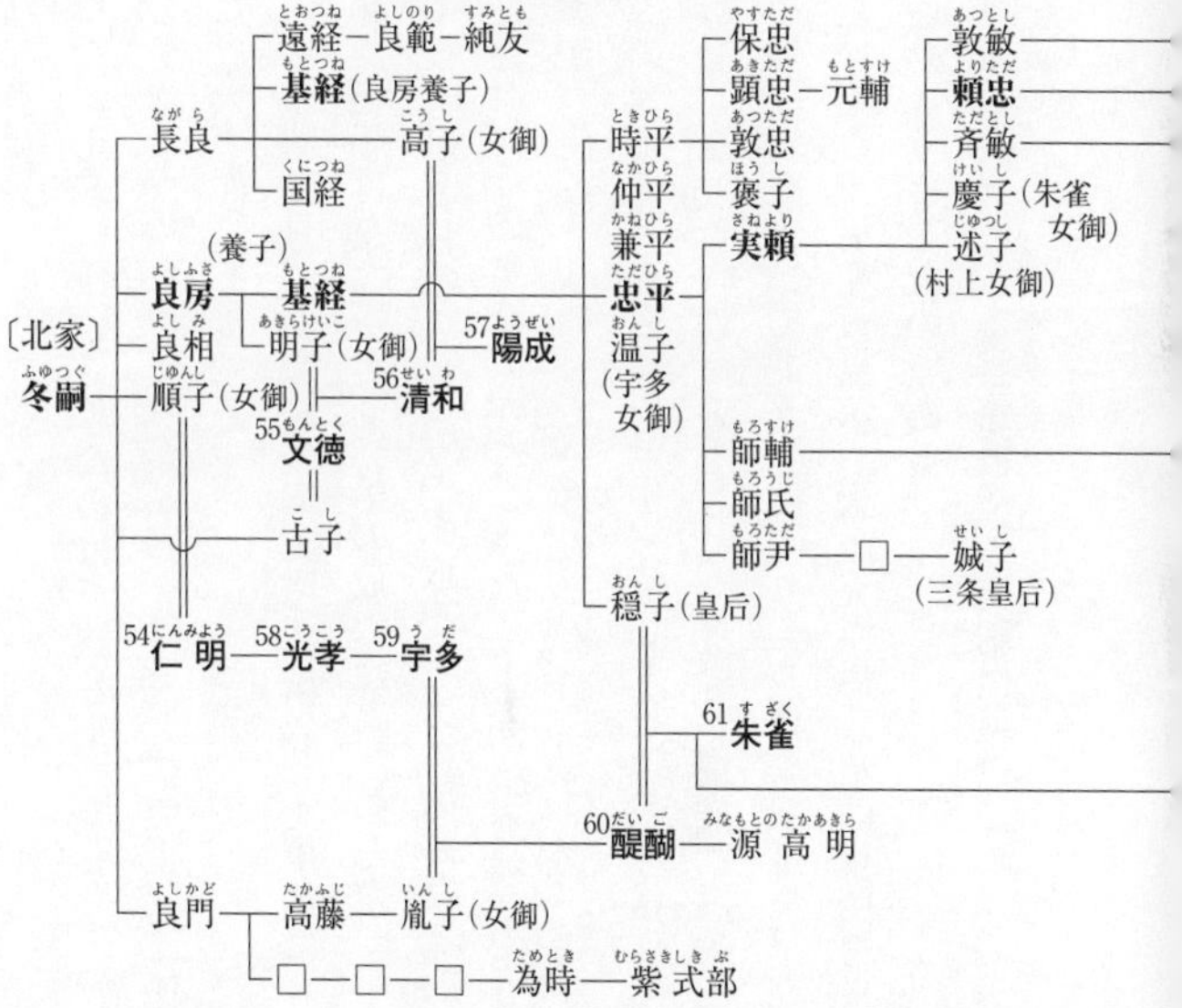

政治を代行したのが良房だった。摂政とは、天皇が幼年や女帝で政治活動ができない場合、それに代わり政務を執りおこなう役職だ。その地位には、同じ皇族が就くのが習わしだった。だが良房は、人臣《じんしん》の立場で初めてその地位に就いたのである。

当時は幼帝が即位した前例はなく、政権を担える上皇もいなかった。そのため、外戚であり太政大臣としての権力もある良房が選ばれたのだ。

ただ、正式に任命されたのは貞観《じょうがん》8年（866）のこと。それまでは未公認の摂政でしかなかった。それがこのタイミングで正式に任命された理由は、この年に起きた放火事件にある。

同年の閏《うるう》3月、朝堂院の応天門《おうてんもん》が焼失した事件に対し、大納言の伴善男《とものよしお》と右大臣の藤原良相《よしみ》は左大臣・源信《みなもとのまこと》の放火だと主張した。

しかし8月に官人の大宅鷹取《おおやけのたかとり》が善男の陰謀だと朝廷に密告。善男は否定したが捕縛され、そのまま流罪となった。『宇治拾遺物語《うじしゅういものがたり》』では良房の弁護が決め手としているが、説話を基にしているので信憑性《しんぴょうせい》は乏しい。

この「応天門の変」の最中、清和天皇は良房に「太政大臣に勅して、天下の政《まつりごと》を摂行《せっこう》せしむ」との勅命を下した。良房が正式に摂政となったのはこのときだ。

事件で太政官は機能不全に陥り、政権の混乱を早期に収束させることが急務となった。そこで清和天皇は、太政大臣に政治的権限を付加することで、政権運営を安定させようとしたのである。

すでに良房による官僚機構の統制は軌道に乗り、清和天皇も外祖父の良房に強い信頼を置いていたので、反対意見は何もなかった。こうして**良房は摂政として、国政の全権は藤原氏と官僚組織に委ねられることになった。**

さらには養子の基経《もとつね》が関白となったことにより、摂関の地位は藤原氏で世襲されていく。藤原氏の摂政・関白が政治を牛耳る「摂関政治」はこうして幕を開けたのである。

宇多《うだ》天皇を凌駕《りょうが》した基経《もとつね》の権勢——「阿衡《あこう》の紛議《ふんぎ》」の真相

良房の養子である基経は、日本初の関白と呼ばれることもある。基経は藤原長良《ながら》の3男として承和3年（836）に生まれ、叔父の良房に才を見込まれ養子となった。以後は良房の厚遇を受けて育ち、応天門の変後は右大臣として養父とともに政治の中枢を担った。

良房は貞観14年（872）に死去するが、すでに実妹の高子《こうし》が清和天皇の皇太子・貞明《さだあきら》親王（後の陽成《ようぜい》天皇）を産んでおり、基経の政治的地位は磐石であった。

貞観18年（876）、**清和天皇の退位で陽成天皇が即位した。9歳の天皇に対して**

基経を摂政に任命してのことだった。基経は外祖父でないという理由で一度辞退するが、清和天皇はこれを許可しない。ここに、幼帝への譲位時に前天皇が摂政を付けるという慣例が定着した。

また、4年後の元慶《がんぎょう》4年（880）に基経が太政大臣になったことにより、名実ともに政治の中枢を掌握することになる。

こうして基経は親子二代での摂政となったが、天皇との関係は険悪だったようだ。陽成天皇の元服前から幾度も辞表を提出し、基経配下の貴族たちも政務のボイコットを始めている。

陽成天皇の元服後もこの動きは収まらず、結局は元慶8年（884）に17歳で退位。基経が推す時康《ときやす》親王（後の光孝《こうこう》天皇）が擁立された。

しかし光孝天皇は高齢だったので即位3年後に病死。その遺言で7男の源定省《みなもとのさだみ》が皇族に復帰し、宇多《うだ》天皇となった。仁和《にんな》3年（887）に即位式が終わると、宇多天皇は基経に摂政続行の勅書を下す。

下された「摂政太政大臣」への詔《みことのり》では、政治の案件は皆太政大臣に「関《あずか》り白《もう》す」としている。この関り白すが「関白」の語源であるのだが、この時点では関白という職は確立してはいない。そしてこの関白をめぐるやり取りが、天皇と基経の争いを生むことになる。

基経は慣習として一度摂政続行を辞退するが、天皇からの勅答に「阿衡《あこう》の任を以て卿の任とせよ」との一文があった。阿衡は中国殷《いん》王朝の名誉職であり、基経は「自分を国政から排除するのか」と批判したのである。さらには、またも側近とともに政務をボイコットしてしまい、宇多天皇は急遽《きゅうきょ》勅書を取り下げた。

この**「阿衡の紛議」に敗北した宇多天皇は悔しさを日記に綴り、基経が死ぬまで内裏に入らなかった**という。

ただ、「阿衡」は光孝天皇も太政大臣に関する勅にて用いているが、基経は問題にしていない。そのため阿衡批判の真意については様々な見方がある。摂政と関白は別物なのに同一にしたことへの批判とする説もあり、勅答を起草した橘広相《ひろみ》を失脚させる陰謀ともいわれている。

橘氏は橘奈良麻呂の乱で没落していたが、奈良麻呂の孫が嵯峨天皇の皇后になって以来、勢力が回復しつつあった。藤原氏が危機感を覚えてもおかしくはない。実際、広相は責任を負わされ罷免《ひめん》されている。

また、宇多天皇は広相を含む側近集団を重んじる傾向が強く、それが基経排除の動きに見えたがために先手を打ったとも考えられている。

いずれにしても、事件の裏には宇多天皇と基経による朝廷内の主導権争いがあった可能性は高い。そしてこの争いに勝ったことで、藤原氏は天皇をしのぐ一族として、より権勢を強めることになるのだ。

摂関政治の中断と、菅原道真の排斥――「天皇親政」の世の時平《ときひら》の権勢

寛平《かんぴょう》3年（891）、基経は急死した。しかし宇多天皇は後任の摂関を置くことはなく、自身の親政を開始する。つまり、摂関政治が中断したことになる。基経が天皇を上回る権力を得た前例への反省ともいうが、単に宇多天皇が藤原氏を外戚とせず、摂関に相応しい対象者もいなかったためともいわれる。

親政下の議政官には、右大臣こそ良房の弟・良世《よしよ》が就任するが、左大臣は源融《とおる》、大納言は臣籍降下した文徳天皇の実子の源能有《よしあり》がなる。基経の嫡男・時平《ときひら》も参議となるが、それと肩を並べていたのが菅原道真だ。

道真は宇多天皇の即位時、讃岐《さぬき》に赴任していたが、都に呼び戻されると蔵人頭《くろうどのとう》に就任した。寛平5年（893）には参議に任じられ、時平とともに宇多政権の中核として重用されている。

そうした天皇親政の下で、蔵人所の充実化や官司統廃合と官員削減、受領《ずりょう》制度の確立などの政治・宮廷改革が実施された。天皇の日常空間が紫宸殿《ししんでん》北側から清涼殿《せいりょうでん》に移されたのもこの時期だ。その内部にある殿上間《てんじょうのま》を官人の控室とし、そこに昇《しょう》殿《でん》できる権利の有無を基にした昇殿制も整えられた。このような宇多天皇親政の治世を「寛平の治《ち》」と呼ぶ。

道真が重用される一方、時平も同年に中納言となり、寛平9年（897）に大納言となる。宇多天皇の醍醐《だいご》天皇への譲位と道真の権大納言《ごんだいなごん》就任もおこなわれ、昌泰《しょうたい》2年（899）には時平が左大臣、道真が右大臣となり政権の中枢を握る。

宇多上皇は「時平は功臣の末裔《まつえい》」「道真は朕《ちん》の忠臣、新帝の功臣」として助言を得よと醍醐天皇に訓戒しており、ふたりに掛けた期待の強さは大きいものだった。

ところが、左右大臣任命から2年後の昌泰4年（901）、**道真は突如として九州の大宰府《だざいふ》へと左遷されてしまう。**醍醐天皇は宣命のなかで「天皇の廃位を企んだため」と理由を述べ、道真は左遷の2年後に死亡した。

「昌泰の変」と呼ばれる左遷の真相は、時平の陰謀だとする説が根強い。藤原氏が政治を独占するには道真は邪魔者でしかなく、他家排斥の一環として醍醐天皇をそそのかしたというのだ。

しかし道真と時平の仲は良好だったともいわれ、嫌っていたのは出世を妬《ねた》む他の貴族ともいわれる。実際、道真を擁護《ようご》する貴族はほぼいなかった。

また、事件の直前は宇多上皇と醍醐天皇の関係が険悪だった時期でもある。そのため醍醐天皇は宇多上皇の忠臣である道真を処分することで、上皇勢力の弱体化を図ったとの見方もある。

一方の**時平と醍醐天皇は関係が良好で、道真左遷後も政治改革を主導した。**延喜《えんぎ》2年（902）の荘園整理令施行にも携わり、妹の穏子《おんし》が醍醐天皇の皇子を産み皇太子となっている。「延喜の治」と呼ばれる醍醐天皇の時代は、後の村上天皇の時代と合わせて「天皇親政の理想」と呼ばれることがある。

しかし実際は**時平の影響が強く、藤原氏の支援なしでは政権運営は難しかった。**左遷の真相がどうであれ、道真の排除によって、結果的に時平は宮廷権力を強めていたのである。

「天暦《てんりゃく》の治《ち》」による村上天皇の親政——天皇家と藤原北家との蜜月

醍醐天皇の腹心として活躍した時平は、延喜9年（909）に39歳で急死する。後は同母弟の忠平《ただひら》が継ぎ、延長8年（930）に醍醐天皇が病死すると、寛明《ゆたあきら》親王が8歳で朱雀《すざく》天皇として即位。忠平は摂政に補《ふ》された。天皇の元服後は関白となり、摂関政治は復活することになる。なお、時平の時代に皇太子とされた保明《やすあきら》親王は、延喜23年（923）に病死している。

朱雀天皇も病弱で、入内した女御《にょうご》（天皇の寝室に侍《はべ》る高い身分の女官）はわずかふたり。在位中にはまったく皇子女《おうじじょ》に恵まれず、天慶《てんぎょう》9年（946）に弟の村上天皇に譲位。このとき、朱雀天皇は24歳だった。

この村上天皇即位で、摂関家の流れも変わった。前天皇の弟なので、すでに元服《げんぷく》は済んでいた。そのため摂政を必要とせず、忠平は死去する天暦《てんりゃく》3年（949）まで関白を務めたものの、その後は代役が置かれることはなかった。こうして再び天皇親政の時代が戻ってきたのだ。

村上天皇は宮廷財政の改善を目指し、租税改革をおこなうとともに倹約を奨励。『後撰和歌集』の編纂をはじめとする文化事業にも注力する。こうした村上天皇の治世は、「天暦の治」と呼ばれ、醍醐天皇の延喜の治と併せて「天皇親政の理想」と称されることもあったのは先に記した。

天皇親政の理想は後年に評されたものではなく、すでに10世紀末から延喜・天暦の治は「聖代」と神聖視されていたようだ。だが、その実態は天皇親政の理想とは程遠い。**忠平の関白続投は村上天皇から就任の詔が下ったからで、後任がいなかったのは役職相応の身分と実力の者が皆無だったからに過ぎない。**

さらに議政官を見ると、左大臣には忠平の嫡男・実頼《さねより》、右大臣は次男の師輔《もろすけ》が就き、ふたりいる大納言のうち片方は時平の次男・顕忠《あきただ》だ。3人の中納言のうち、源高明《たかあきら》を除くふたりが藤原氏の元方《もとかた》と在衡《ありひら》。権中納言は師尹《もろただ》と、**上位の役職は藤原氏の独占状態だった。**

参議も藤原北家の師氏《もろうじ》が入り、議政官全15人のうち半数近くが藤原氏の者だった。しかも元方以外の全員が北家である。当然、政策決定にも藤原氏の意向が強く関与しただろう。なかでも実頼と師輔の兄弟の権力は、極めて高かったといわれる。

すでに父の現役時代から左・右大臣として職務をおこない、死後は師輔の娘が村上天皇との間に3人の男子を産み、第二皇子の憲平《のりひら》親王が皇太子にも立てられた。師輔の日記『九暦《きゆうれき》』によると、憲平の立太子は師輔と村上天皇、朱雀上皇、両者の生母・穏子《おんし》の談合で定められたという。

まさしく天皇と藤原氏の蜜月を示した話であり、師輔自身も醍醐天皇の第四、第一〇、第一四皇女を後妻にするなど、皇室との血縁構築に腐心していた。天皇親政の理想と呼ばれた政治のなかでも、藤原北家は高い影響力を保っていたのである。

北家が企てた承和《じょうわ》の変と安和《あんな》の変——謀略でライバルたちを排斥

藤原北家の興隆は、南京式家の没落と徹底した他家排斥の賜物《たまもの》である。その陰謀だったとされる政変も、平安時代には二度起きている。

時代はさかのぼり、一度目の政変は良房の時代だ。承和9年（842）、平城天皇第一皇子の阿保《あぼ》親王が嵯峨上皇の皇后・嘉智子《かちこ》宛てに密書を送った。その書には、官人の伴健岑《とものこわみね》と橘逸勢《はやなり》が皇太子の恒貞《つねさだ》親王を奉じて謀反を企てていると書かれていた。伴氏と橘氏は共に宮廷の有力貴族。なかでも橘氏は元明《げんめい》天皇から姓を賜った名門である。

そうした一族の反逆を記した密書は良房を通じて仁明《にんみょう》天皇へと送られて、健岑と逸勢はすぐさま捕縛。恒貞親王の廃太子と首謀者ふたりの流罪が決まるとともに、中納言の藤原吉野《よしの》、参議の文室秋津《ふんやのあきつ》、大納言の藤原愛発《ちかなり》と東宮坊の官人全員が協力者として左遷された。

そして事件処理にあたった良房は大納言となり、良房の妹を生母とする道康《みちやす》親王（後の文徳《もんとく》天皇）が皇太子となったのだ。

この**「承和の変」と呼ばれる一連の騒動は、良房の陰謀とする声が根強い**。当時の朝廷は、嵯峨天皇系と弟の淳和天皇系が交互に皇位を継承する「両統迭立《てつりつ》」の状態だった。

しかし2つの皇統が並立すると派閥争いも起きやすく、ストッパーだった嵯峨上皇が死去すると、仁明派と淳和派の主導権争いが激化した。良房はその状況を利用して、仁明派の安定を狙う嘉智子と結託。有力他家を中枢から追い落とすとともに、皇統を仁明系（嵯峨系）に一本化した。これが承和の変における良房の狙いといわれ、**この事件以降、他家から大臣以上が出るケースはまずなくなった。**

「まず」としたのは、この事件後も源氏が大臣となっていた例があるからだ。源氏は臣籍降下《しんせきこうか》した皇族の一族である。そのなかでも、醍醐天皇の元第一〇皇子源高明《たかあきら》は賜姓《しせい》源氏として順調に出世を果たし、康保《こうほう》4年（967）の冷泉《れいぜい》天皇即位時には左大臣となっていた。

関白には藤原実頼、右大臣には藤原師尹が就任していたが、源氏の影響力が強かったことは確かだ。この高明を排除するため起こされたのが二度目の政変だ。

冷泉天皇は病の身だったので皇太子の選定は早々に始まり、天皇の同母弟の守平《もりひら》親王が立てられた。しかしまだ親王は9歳だったので、他の皇子にもまだ立太子のチャンスは残されている。

そうした状況下の安和《あんな》2年（969）に起きたのが、橘繁延《しげのぶ》と源連《つらね》の謀反《むほん》疑惑だ。源満仲《みつなか》と藤原善時《よしとき》の密告によると、その目的は守平親王の排除と為平親王の政権樹立。後の取り調べで、計画には高明も関わっていたとされた。

繁延と連は流罪となり、高明も大宰権帥《だざいのごんのそち》に左遷された。空白の左大臣には師尹が就き、右大臣には藤原在衡が昇ることで、政権中枢は再び藤原氏に牛耳られた。
「安和の変」と呼ばれる謀反疑惑も、藤原氏の他家排斥の一環だとされる。実際、謀反を密告した満仲は師尹の使用人だったといわれ、善時は藤原氏の人間である。為平親王は高明の娘と結婚しており、もし天皇となれば源氏は天皇の外祖父となる。そうなると藤原氏は外戚の地位を失い、宮廷権力を失ってしまう。これを阻止するために、藤原氏は高明を謀略に掛けたというのである。

ただ、高明は冷泉と皇太子の伯父であるために、外戚になろうとする理由は薄い。よって、高明の政界排除で藤原氏の政権運営を磐石にすることが真意だったとも考えられている。

とはいえ、冷泉天皇の次代である円融《えんゆう》天皇の即位以降も源氏の大臣はたびたび現れ、影響の完全排除はできなかった。しかし高明排除の衝撃は大きく、天皇・皇太子の妃も現役皇族か北家・師輔の血筋に限定されるようになる。

これらの事件が意図的に引き起こされたか、騒動を藤原氏が利用したかは諸説あるが、政変による政敵排除で藤原氏は磐石の権力を手に入れたといえる。その絶大な権力が、道長による摂関家全盛期へとつながっていくのである。

2章

謎多き紫式部のほんとうの人物象とは

◉家柄、結婚、藤原道長との関係…

紫式部の出自――藤原北家の流れをくむ文人の家柄だった

紫式部がいつ誕生したかについて諸説あるが、通説では天禄《てんろく》元年（970）から天元《てんげん》元年（978）年のあいだとされている。

式部の家系は、当時隆盛を極めつつあった藤原北家の流れを汲んでいる。とはいえ摂関家の嫡流《ちやくりゆう》ではなく、**藤原冬嗣《ふゆつぐ》の七男・良門《よしかど》の流れだ。**

良門の次男・高藤《たかふじ》は娘を醍醐《だいご》天皇の生母とし、一門は息子の定方《さだかた》の代から勧修寺《かじゆうじ》流と呼ばれ、比較的栄えていた。それに対し、長男の利基《としもと》は弟と違って出世もままならず、高藤が没後に正一位・太政大臣の官位が贈られたにもかかわらず、利基の終官位は従四位上どまりである。

利基の子孫も政治的権力はほとんどなく、いわば勧修寺流とのつながりに活路を見出していた中堅の家柄だった。ただ、文化人としての功績は藤原家一族でも随一で、利基の六男である兼輔《かねすけ》は「三十六歌仙」のひとりであり、「堤中納言《つつみちゆうなごん》」と呼ばれた歌人。役職である権中納言と、賀茂川の堤沿いに屋敷を構えたことを合わせて、

紫式部の家系図

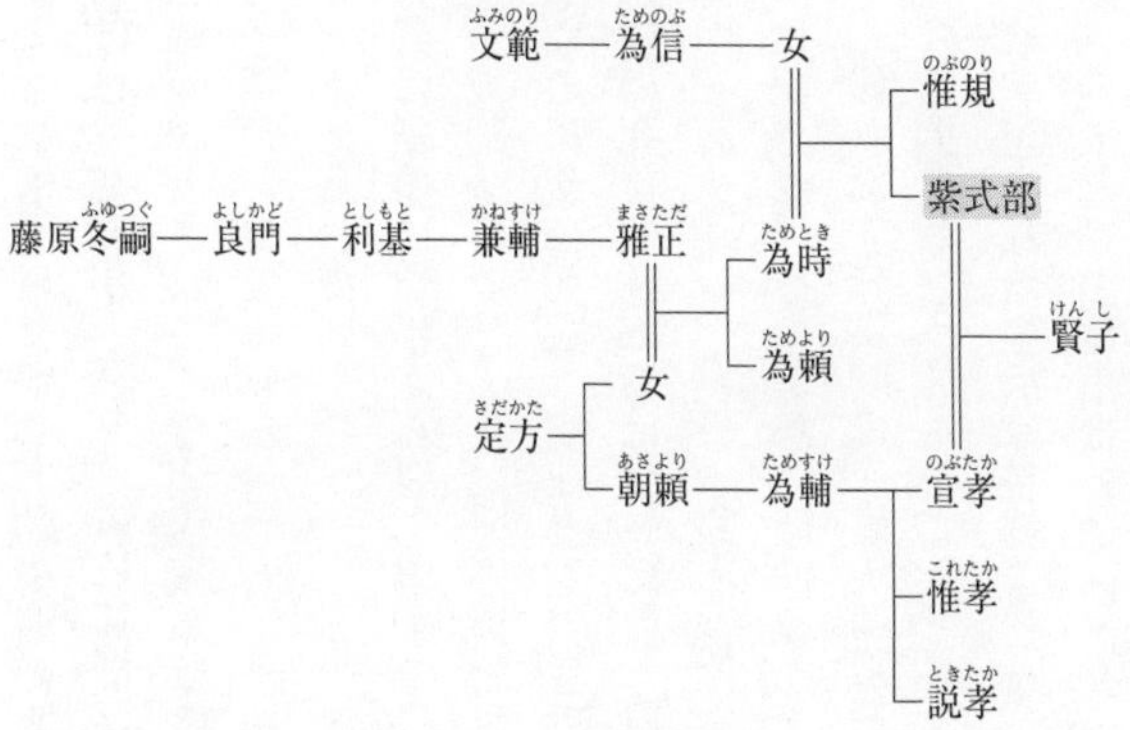

この異名がつけられた。

兼輔は娘が醍醐天皇の皇子をもうけたことから出世が進み、多数の歌人のパトロンになったことでも知られる。そのなかには、『古今和歌集』の歌人として有名な紀貫《きのつら》之《ゆき》も含まれている。

兼輔の長男・雅正《まさただ》は役職にこそ恵まれなかったが、父の影響もあってか著名な歌人とも交流を持つ文化人であった。そして、雅正の三男・為時《ためとき》は若い頃から菅原氏の私塾に学び、文章生《もんじょうしょう》（歴史・漢文の研究者）として漢詩に秀でた文人肌だった。

この為時が式部の父に当たり、**紫式部の父方は代々文人の家系だったのだ**。ちなみに曽祖父の兼輔が設けた賀茂川堤沿いの屋敷は子孫にも受け継がれ、幼少期の紫式部も暮らしたとされる。
為時は安和《あんな》元年（968）には播磨権少掾《はりまのごんのしょうじょう》として都を離れ、式部の母と結婚したのは帰京後とされる。母親の家系は藤原長良《ながら》から始まり、長男・基経の同母弟・清経《つね》の子孫だ。父は藤原為信《ためのぶ》であり、為時が帰還した天禄3年（972）までに結婚したと考えられている。

母親は結婚の翌年から翌々年までに長女を産んだとされ、式部の誕生はその後だろう。天延《てんえん》2年（974）前後には弟（兄の説あり）の惟規《のぶのり》を出産したが、それから間もなく母親は死亡。病死とも、長男の産後に力尽きたともいわれる。

母親の死後、式部らは父方に引き取られ、祖母に育てられた。この頃から紫式部は学問への興味を持ち、父が惟規におこなう漢文教育を横聞きしたと『紫式部日記』に記され、その理解力は惟規が手こずる箇所でも簡単に理解するほどだったという。優れた才に為時は「男子にて持たらぬこそ幸ひなかりけれ（男でないのがすごくもったいない）」と嘆いたようだ。

だが、恵まれた生活は長続きしなかった。当時、為時は花山《かざん》天皇の側近として式部丞《ぶのじょう》、蔵人《くらんど》と順調に出世していたのだが、寛和《かんな》2年（986）の「寛和の変」で天皇は退位してしまう。後ろ盾をなくした為時は失脚し、以後10年以上は官職のない散位《さんい》として過ごすことになる。

こうした父の没落の裏で、式部は他家に出仕していたとされる。どの家に仕えたかは不明だが、為時が風流人グループに参加していた関係から、主宰の具平《ともひら》親王だとする説がある。

やがて式部は姉を亡くし、為時に伴われて越前国（現福井県中・北部）に下向することになる。このような文化人系の御家に生まれた環境と自身の才覚。そして多感な少女期に経験した実家の転落と友人・家族との別れが、『源氏物語』の世界観にも影響を与えたとも推測できるのだ。

紫式部の結婚生活とその後――結婚後、わずか3年で夫と死別することに

長禄《ちようろく》2年（996）、為時は越前守《えちぜんのかみ》に任命され、現地への出向を朝廷から命じられた。当初は下国《げこく》（小国）の淡路国（現淡路島）に赴任する予定で、大国の越前国には源国守が就くことになっていた。その任国を交換しての赴任である。

『今昔物語集』などによると、為時が上申した句に感激した一条天皇が藤原道長に相談して任国を変更したとする。ただし説話集の話なので、史実とは言い難い。当時の越前では宋人（中国人）の大量流入が問題視されており、軋轢《あつれき》を生まぬよう、文人として名高く知識も豊富な為時に交渉役を期待したというのが実情のようだ。

父親の越前行きに式部も同行。当時の式部は独身だったので、妻を伴わない父の世話をするために付き従ったと思われる。この年の秋に都を出発し、大津打出浜《うちでのはま》から琵琶湖西岸を北上。塩津から越前敦賀《つるが》に達し、山岳地を超え国府（福井県の武生《たけふ》、現越前市）に至った。行程としては4日ほどかかったようだ。

道中で式部の詠んだ歌が、式部の和歌集である『式部家集』に数首ほど収められている。そこで詠まれた内容は、三尾《みお》（現在の滋賀県高島市）の湖岸で網を引く漁師の姿や、塩津の山々を越える民を世渡りに例えたものなどだ。また到着後も都を懐かしむ歌を詠む一方、現地の風物やそれによる感動を題材としたものはない。このような着眼点も、のちの創作に活かされたのだろう。

しかし、紫式部は1年ほどで帰京することになる。藤原宣孝《のぶたか》との結婚が決まったからだ。宣孝も紫式部と同じ藤原良門の家系だが、勧修寺流の子孫である。家柄は為時よりも上だ。

天元5年（982）には左衛門尉《さえもんのじょう》と蔵人を兼ねつつ、その後は各地の国司を歴任。官人として有能である一方、雅で明朗闊達《かったつ》な一面もあったという。

そんな宣孝は、式部が越前に赴く前から求婚していた。ただし、宣孝は越前下向後も頻繁《ひんぱん》に手紙を送っているが、肝心の式部はあまり興味を示さなかった。宣孝が源則忠《のりただ》の娘に求婚したという噂を聞くと、浮気性を皮肉った歌を送っているほどだ。

逆に宣孝は紅を散らした手紙に、「この血涙を見てください」と記して気を引こうとした。こうした求愛のなかで次第に式部も根負けし、長徳4年（998）の帰京後に結婚した。

このとき宣孝は45歳で、29歳になる息子もいた。また藤原朝成《あさひら》の娘など3人の女性を娶り、それぞれに子どもを産ませている。対する紫式部は26歳前後である。当時の女性としてはかなり遅い初婚なので、宣孝の前にも結婚経験があるという説も根強い。嫡妻《ちゃくさい》にはなれなかったようだが、長保元年（999）に**娘の賢子《けんし》を授かっているので、夫婦仲は悪くはなかっただろう。**

しかしその結婚生活も、わずか3年で終わる。長保3年（1001）4月25日、**宣**

孝が急死したからだ。当時は都で感染症が蔓延《まんえん》しており、宣孝も罹患《りかん》した可能性が非常に高い。同月5日には左大臣の藤原道長の呼び出しを持病の悪化で断っているので、そうした体調不良が病を悪化させたのだろう。

夫と死別したあとの式部の動向は、不明な部分が多い。しかし『式部家集』には**夫を弔《とむら》う歌がいくつか残っているため、長く喪《も》に服したのかもしれない。**また、翌年には求婚者も現れたようだが、相手にしなかった。こうした長い寡婦《かふ》生活は、式部が宮廷に出仕するまで続くことになる。

宮中への出仕と『源氏物語』の執筆――作品はどう評価されたのか?

式部が代表作ともいえる『源氏物語』を、いつから書き始めたかは不明だ。通説となっているのは、宣孝の死後から宮仕え直前である。

この時期の紫式部は30代前半。父の支援で生活こそ安定はしているが、再婚はせず長い独身生活が続いていた。そのなかで友人と物語をつくっては見せ合っていたと、『紫式部日記』で回想している。そうした活動からインスピレーションと創作意欲を得て、『源氏物語』の執筆が始まったと考えられる。

主人公の光源氏《ひかるげんじ》は源高明《たかあきら》か源融《とおる》がモデルとされ、作中では桐壺《きりつぼ》帝の第二皇子となっている。源氏は亡き母を思わせる父の後妻・藤壺《ふじつぼ》と関係を持ち、やがて懐妊させる。子は父の息子として育てられるが、その後も葵《あおい》の上《うえ》と結婚したうえで様々な女性と関係を持つなど、なかなかエネルギッシュな人物として描かれる。

しかし第一部前半の「藤裏葉《ふじのうらば》」を過ぎたあたりから展開に変化が見られる。雅な恋愛描写は少なくなり、光源氏の出世や政敵との闘争など政治要素が強くなる。理想の女性として描かれた藤壺も、権力を振るう女院《にょういん》と化し、紫の上は正妻となれないまま死ぬ。そのまま第二部以降は光源氏やその子孫の苦難と不安を描く展開に進んでいく。

このような物語の転換には、式部の出仕経験が色濃く反映されているという。

式部が宮廷に出仕した時期は寛弘《かんこう》2年（1005）か、その翌年だとする説がある。**仕えた先は一条天皇の中宮・藤原彰子《あきこ》。彰子は道長の長女で、その母親の倫子《りんし》は宇多天皇の曽孫だ。**

長保元年（999）に入内《じゅだい》した彰子の女房として、式部は土御門殿《つちみかどどの》に出仕した。

その理由も定かでないが、おそらくは式部の物語の評判が道長か倫子の耳に入り、召し出されたのではないだろうか。

『紫式部日記』にも、「主上《しゅじょう》（一条天皇）が源氏物語を読み聞かせられ、式部を才ある者と褒《ほ》め称えた」という記述がある。これこそが式部に求められた役割なのだ。つまり**中宮付きの世話役として物語の続きを執筆し、彰子経由で天皇に伝えるのが役目**というわけだ。そのため、他の女房がおこなう雑務はある程度免除されたともいわれる。

ただ、出仕の初期は宮廷生活に馴染めなかったようだ。中宮の女房たちは紫式部を「物語を好むが他人を馬鹿にする者」と会う前から蔑《さげす》んでいた、と日記には記されている。『式部家集』の詞書《ことばがき》によると、「ひどく上衆《じょうず》（貴人）ぶった振る舞い」だと女房たちにいわれたともあるそうだ。

そんな生活に嫌気がさし、式部はすぐ実家に引き返してしまう。寛弘4年（1007）正月には彰子から正月賀歌の奉献を命じられても家に留まり、3月頃に女房から参上の時期を問う手紙がきても応じなかった。

式部が再び宮仕えしたのは、その年の秋頃だ。現実との折り合いもついたらしく、非難されても一の字すら書けないぼんやり者を装った。そのおかげで彼女を嫌った女房たちも「別人と思うほどおっとりとなさって」と親しむようになった。こうした宮中での苦労と、間近で見た藤原氏の政争が、展開に影響を与えたとしても不思議ではない。

『紫式部日記絵巻』に描かれた藤原彰子

　そんな『源氏物語』は宮廷での評価がとてもよく、寛弘5年（1008）11月の敦《あつ》成《ひら》親王誕生五十日の儀では、泥酔した藤原公任《きんとう》が「若《わか》紫《むらさき》はおりませんか?」と紫式部に絡んだという。物語の有名度を示した逸話だろう。そして同月におこなわれる彰子の内裏への帰還に向けて、式部の指導により物語の冊子づくりがおこなわれた。

　このときは第19帖「薄雲」のあたりまでとされるが、ひとつの物語としての区切りはついた。そのうえ彰子の妹・妍子の東宮入内時には、道長が物語の原本を無断で贈り物にしている。

　これにより、**式部の書いた物語が皇室への贈呈品に**

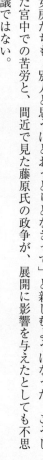

ふさわしい価値を得たことになる。宮廷での経験と支援がなくては、名作の執筆は困難を極めたに違いない。

紫式部が道長の信頼を得たわけ——道長の妻・倫子《りんし》にも出仕？

このように、式部の宮仕えは中宮彰子が最初とされている。だがそれ以前にも、藤原道長の妻・源倫子に仕えていたとする説がある。

倫子の父・雅信《まさのぶ》は宇多天皇の孫、母の藤原穆子《ぼくし》は中納言朝忠《あさただ》の娘。藤原道長との結婚は母の強い勧めによるものだ。永延《えいえん》2年（988）に彰子を産み、娘の立后後は道長の正妻として宮廷政策を支えた。

「鷹司殿《たかつかさどの》」とも呼ばれた倫子に式部が仕えたことを示す一文が、『源氏物語』の注釈書『河海抄《かかいしよう》』の「料簡」にある。

「紫式部者鷹司殿従一位倫子一条左大臣雅信女官女也　相継某某侍上東門院」

現代語に訳すると、「紫式部は鷹司殿の女房で、のちに上東門院《じようとうもんいん》（彰子）に仕えた」となる。

また同じく注釈書の『紫明抄《しめいしょう》』の第1巻冒頭の系図も、式部を「従一位源倫子家女房」と紹介している。さらには紫式部の歌が掲載された『後拾遺《ごしゅうい》和歌集』においても、「従一位倫子家女房、越後守為時女、母常陸介藤原為信女、作源氏物語中紫巻仍号紫」と注記されている。

なぜ、**式部が短期間で道長や倫子の信頼を得たかは謎とされてきた。しかし、倫子の女房だったとしたら説明はつく。**

『紫式部日記絵巻』に描かれた藤原道長

記述が正確だとすれば、出仕時期は倫子が道長と結婚した永延元年（987）頃、または式部の夫の喪中が明けた長保4年（1002）頃と推測される。為時は散位中も文人として貴族の邸宅によく招待されたといい、為時からの噂話と式部自身の才覚により、倫子か道長から宮仕えを要求された。その流れで彰子にも仕えたと考えられる。

ただし、出仕を記した史料は平安時代後期以降のもので、紫式部存命当時の一次史料はない。そのため倫子への出仕話はいまだ仮説の域を出ていない。

紫式部の生涯に関する謎――いつ生まれ、いつ死んだのか?

源倫子への出仕説のように、式部には謎が多い。まず、「紫式部」は本名ではない。宮廷出仕時の女房名である。

皇后や中宮、摂関家クラスの女性なら、その名も記録には残されるが、女房レベルだと本名は明らかにされない。ペンネームだとする説もあるが、当時はそのような風習はなく、式部自身が名乗ったという確証もない。

道長の生涯を記した『栄花物語』によると、本来の女房名は「藤式部《ふじしきぶ》」だったとされる。藤は藤原氏、式部は父・藤原為時の官職、式部丞を由来とする。しかし紫式部が彰子に出仕した頃、為時は散位である。女房名に採用されるのは不自然だ。倫子への出仕説と結びつけて、式部は為時の式部丞時代に出仕し、そのときに名付けられたという説もある。また、為時が散位中も前式部丞を自称していたという説も唱えられているが裏付けはない。

藤式部が紫式部に変わったことにも、「源氏物語の紫の上が由来」「若紫の巻から取った」「藤の花の紫色にちなんだ」と様々な説がある。これらの説によれば、「紫」は『源氏物語』がある程度完成してから名づけられたことになる。

そして、式部の本名もわかっていない。道長の日記『御堂関白記《みどう》』に記述された女官の「藤原香子」が本名だとする説もあるが、やはり断定できる証拠はない。

さらには**晩年の動向もはっきりしない**。一説によると、皇太后となった彰子の実質的な取り次ぎ役となったという。それをほのめかすのが、藤原実資《さねすけ》の日記『小右記《しょうゆうき》』にある記述だ。

皇太子である敦成《あつひら》親王（後の後一条天皇）の病状を探るため女房を通じて情報収集をしたとし、注釈でこの女房を「越後守為時女」と紹介している。為時の娘といえば紫式部。この為時女を介して以前より皇太后宮に雑事を啓上したとも記し、**式部が彰子の取り次ぎ役として働いた可能性は高い**。

ただ、式部の名はこれ以降登場しない。女房への取り次ぎはその後もおこなわれるが、その女房が式部なのか、別の女性なのかはわからない。同様に、紫式部がいつ亡くなったかもわからず、様々な仮説がたてられている。

1つは長和2年（1013）に宮廷を退き、翌年に死去したというものだ。裏付けとされているのが父親の行動で、為時は長和3年（1014）の任期満了を待たずに越前から帰京しているが、これは紫式部の訃報《ふほう》があったからだとする。貴族で歌人の平兼盛《たいらのかねもり》による『兼盛集』巻末の「逸名歌集《いつめいかしゅう》」にも、式部が生前に書いた父宛ての文を娘・賢子が見つけたとする詞書がある。このような状況証拠から、**紫式部は長和3年までに死去した説が有力とされていた。**

ところが、没年はこれ以降だとする説もある。歌人の与謝野晶子《よさのあきこ》は、為時が出家した長和5年（1016）とし、江戸時代の国学者・安藤為章《ためあきら》は万寿《まんじゅ》2年（1025）以降と考えた。『栄花物語』第26巻、万寿2年8月3日の後冷泉《ごれいぜい》天皇生誕の項目で、娘が乳母となったとき「大宮の御方の紫式部が女の越後の弁」と書かれていたからだ。つまり、まだ式部が現役だったことになる。

また、建長《けんちょう》3年（1251）成立の『続後撰和歌集《しょくごせんわかしゅう》』第16巻を根拠とし、長元《ちょうげん》4年（1031）とする説もある。そこに収録された式部の歌に、長元3年（1030）の作品が登場しているからだ。

しかしどの説も決め手には欠けている。結局、稀代《きだい》の女流作家は生まれも終わりも不詳のままなのである。

もう1つの作品『紫式部日記』——なぜ彰子《あきこ》の出産話が中心なのか？

式部の代表作はいうまでもなく『源氏物語』だが、平安時代中期の日記文学ブームもあって、式部も日記を書き残している。『紫式部日記』である。

この日記には、寛弘5年（1008）から約2年間の記録が残されている。ただし、日々の出来事を毎日記録したものはなく、過去の宮廷生活を回想した回顧録《かいころく》。執筆は寛弘7年（1010）以降と思われる。

また、現在でこそ『紫式部日記』と呼ばれているが、正式な名称は不明。宮内庁所蔵の黒川本には「紫日記」と書かれているが、写本なので原本のタイトルはわからないままだ。

日記の構成は全2巻で、中宮彰子の長子出産とそれに関する記録、記述の合間に挟まれる手紙形式の消息体、年次不明の宮廷生活に関するよもやま話の3つの部分に分けられる。

中心となっているのは、当然彰子の出産話である。日記は秋が深まる土御門邸の描写から始まり、**出産を待つ周囲の人々や出来事を式部が関わる範囲のなかで書いている。彰子の出産は藤原道長にとっても大きな意味を持ち、皇子が産まれるか否かで外戚戦略も変わってくる。**そのため、この日記は**「道長が書かせた出産記録」とする説もある。**

こうした話を記した日記は史料としても価値は高く、鎌倉時代には『紫式部日記絵巻』もつくられた。『源氏物語』が紫式部のものと断定されたのも、日記の記述内で物語に触れているからだ。つまり、『源氏物語』自体に作者名は記されていない。ただ、現在の『紫式部日記』は執筆当時の形とは違うとの説もある。宮廷記録の途中で私的な消息体が挟まるのは不自然だし、寛弘6年（1009）以降の記録は極めて断片的である。これらは紫式部が日記の完成後に書き加えたとも、後世の人間が写本作成時に編集したともいわれる。このような疑問点が多いのは、日記の原本がいまだ未発見なためだ。現存している日記は、絵巻以外はすべて江戸時代の写本。黒川本は現存書籍で最も状態はいいのだが、やはり成立は江戸時代以降である。

3章

藤原道長はいかにして栄華の頂点を極めたか

◉その「人となり」から「陰謀の実態」まで

藤原道長の出自――政治の中枢を担う家柄の五男だった

冬嗣《ふゆつぐ》の時代に北家以外が凋落《ちょうらく》し、良房《よしふさ》の代になって人臣最高の地位に至り、基経《もとつね》が関白に就任することで、その嫡流《ちゃくりゅう》が摂関職を代々受け継ぐことになった藤原摂関家。その後、最も栄華を極めたのが道長の時代である。

では、藤原道長は、どんな経歴で頂点にまで上り詰めたのだろうか。**道長は康保《こうほう》3年（966）、兼家《かねいえ》の五男として誕生した。父の系譜は、藤原北家嫡流の九条流《くじょうりゅう》にあたる。**母の時姫《ときひめ》は摂津守《せっつのかみ》藤原中正《なかまさ》の娘で、北家の傍流である魚名《うおな》流の流れを組んでいた。嫡流と傍流の違いはあれども、どちらも藤原の人間だ。

兄弟には同母の長男・道隆《みちたか》、三男・道兼《みちかね》がいて、異母兄弟には藤原倫寧《ともやす》娘の次男・道綱《みちつな》、藤原忠幹《ただもと》娘の四男・道義《みちよし》がいる。なお、道綱の母親は日記文学『蜻蛉日記《かげろうにっき》』の作者である。また、姉には冷泉《れいぜい》天皇の女御《にょうご》となる超子《ちょうし》と、円融《えんゆう》天皇の第一皇子を産む詮子《せんし》がいる。どちらも母親は時姫である。

道長の祖父は、天暦《てんりゃく》の治《ち》を支えた右大臣の藤原師輔《もろすけ》だ。兄の左大臣・実頼《さねより》とともにに村上政権の中枢を担い、朝廷儀礼などをまとめた『九条年中行事』を書き残している。その子孫が九条流である。

兼家は師輔の三男で、道長の誕生時は38歳。官職は左京大夫と、あまり高位ではなかった。しかし、道長誕生の翌年に村上天皇が崩御すると、長兄の実頼が関白となり、兼家も蔵人頭《くろうどのとう》、左中将《さちゅうじょう》と出世を重ねて、安和《あんな》2年（969）に中納言に任官。こうした急速な出世は、「安和の変」による源氏排斥《はいせき》の結果ともいわれている。

この同年に円融天皇が即位すると、翌年に権大納言、天元《てんげん》元年（978）に右大臣へと出世を果たす。その後も兄・兼通《かねみち》との対立などを経て、最終的には摂政となった。

このように、**朝廷政治の中枢を司る家系に道長は生まれたのである。**

そうした出自の下に育った道長の幼少期は、記録が少なく大部分が不明だ。ただ、天元3年（980）に従五位下《じゅごいげ》に叙され、その3年後に侍従《じじゅう》となり、寛和《かんな》2年（986）の一条天皇即位にともない昇殿が許されたことはわかっている。翌々年には権《ごんの》中納言となるが、その間の行動や道長自身の人柄についてはよくわかっていない。

歴史物語『大鏡《おおかがみ》』によれば、詩歌や弓矢に秀でた文武両道の若者だったようだ。

さらには次のような逸話もある。

兼家が道長の従弟である公任《きんとう》の優秀さを褒《ほ》め讃え、「我が子では影すら踏めないだろう」と道長たちの前で嘆いてみせた。兄たちが黙り込んだなかで、道長だけが「影どころか面も踏んでみせましょう」と豪語したという。他者との比較にも物怖《ものお》じしない豪胆さを示すエピソードだろう。

この逸話が事実であるかは定かでないが、北家嫡流の血筋の末子が摂関政治の黄金時代を築き、実質的に「面を踏みつける」ことになるのは事実である。

父・兼家《かねいえ》と伯父・兼通《かねみち》との対立——その後の道長に影響した政争

天禄《てんろく》元年（970）、前摂政・藤原実頼の死により伊尹《これただ》がその座を継ぐ。伊尹は師輔の長男で、道長の父・藤原兼家の同母兄にあたる。だがその伊尹も就任2年後に病死。円融天皇は摂政の病死と自身の元服により、関白を任命することを決めた。ここで問題となったのが、兼家と同母兄・兼通の確執だ。

兼通は兼家より4歳年上であったが、出世は弟よりも遅かった。伊尹が死去した天禄3年（972）の時点でも、兼家が権大納言（後に大納言）となったのに対し、兼通はまだ権中納言でしかない。この出世速度の差が、兄弟を不仲にしたとされている。その関係が決定的となったのが、摂関を巡る政争だった。

関白の選定に際し、上席の兼家にも就任の可能性はあった。ところが関白となったのは兼通だ。『大鏡』には、兼通が円融天皇の母后・安子《あんし》の遺言書を所持していたとの記述がある。

遺言書に書かれた「関白は次第のままにさせたまへ（兄弟の順にせよ）」という一文を尊重し、次男の兼通が関白に決定。内覧《ないらん》（関白に準じた職）と内大臣を経て、天《てん》延《えん》2年（974）に正式に就任したと記されている。

元服済みの天皇が9年も前に死んだ母の遺言に従ったこと、その遺言書を兼通が保管していたことなどの不自然さから、信憑性《しんぴょうせい》を疑問視する研究者も少なくない。

しかし公卿《くぎょう》である平親信《ちかのぶ》の『親信卿記』天禄三年十一月二十六日条には、兼通の内大臣就任を「前宮の遺命なり」としているので、何らかの遺言が残されていた可能性は高いとされる。

兼通は、関白就任の5年後に病死。だが、兼家に後任の座は巡ってこなかった。

兼通は病死直前に、左大臣の藤原頼忠《よりただ》を後継者にしたからだ。『大鏡』や『栄花物語』には、その要因になった出来事の一部始終が記されている。

兼通が病に伏したとき、邸宅の前を兼家の牛車《ぎっしゃ》が通りかかる。兼通は「見舞いにきたのだ」と感動したが、兼家は素通りして参内。激怒した兼通は病身を押して急《きゅう》遽《きょ》後を追う。そして天皇に謁見《えっけん》中の兼家を押しのけて、頼忠の関白就任と兼家の大納言から治部卿《じぶきょう》への降格を強行したという。

ただ、こうした劇的な展開があったかどうかはわからない。たった1回の不義理で、重大な人事に手を加えるとも考えられない。人事の真意は、外戚関係の強化を図る兼家の追放か、氏長者が摂関になる通例のためともいわれている。

いずれにせよ、一連の強硬策で兼家の関白就任の道は断たれ、円融天皇の退位まで不遇を強いられることになった。

兄弟対立は兼通に軍配が上がったように見える。だが**長期的な見方では兼家の勝利だった。なぜなら兼通は外戚関係の構築に失敗したからだ。**

兼通は関白就任の直後に娘を入内《じゅだい》させているが、皇子を産むことはなかった。また頼忠の娘・遵子《じゅんし》は天元5年（982）に中宮となってはいるのだが、男子が産め

律令の定める官位(官位相当の制)

位階＼官庁	神祇官《じんぎ》	太政官《だいじょう》	中務省《なかつかさ》	省	衛府《えふ》	大宰府	国	勲位
正・従一位		太政大臣						
正二位 従二位		左右大臣						
正三位		大納言						勲一等
従三位		(中納言)			(近衛大将)	帥		二等
正四位上			卿					三等
正四位下		(参議)		卿				〃
従四位上		左右大弁						四等
従四位下	伯				(近衛中将)			〃
正五位上		左右中弁	大輔		衛門督	大弐		五等
正五位下		左右少弁		大輔 大判事	(近衛少将)			〃
従五位上			少輔		兵衛督		大国守	六等
従五位下	大副	少納言	侍従	少輔	衛門佐	少弐	上国守	〃
正六位上	少副	左右弁大史						七等
正六位下			大丞	大丞 中判事	兵衛佐	大監	大国介 中国守	〃
従六位上	大祐		少丞	少丞		少監	上国介	八等
従六位下	少祐			少判事	衛門大尉	大判事	下国守	〃
正七位上		大外記 左右弁少史	大録	大録	衛門少尉	大典 少判事		九等
正七位下			大主鈴	判事大属	兵衛大尉	主神	大国大掾	〃
従七位上		少外記			兵衛少尉		大国少掾 上国掾	十等
従七位下						大宰博士		〃
正八位上			少録 少主鈴	少録		少典 防人佑	中国掾	十一等
正八位下	大史			判事少属	衛門大志			〃
従八位上	少史				衛門少志 兵衛大志		大国大目	十二等
従八位下					兵衛少志		大国少目 上国目	〃
大初位上						判事大令史		
大初位下						判事少令史	中国目	
少初位上							下国目	
少初位下								

長官　次官　判官　主典　(　)は令外官

ずに「素腹の后（妊娠しない皇后）」と揶揄《やゆ》されたという。

一方、兼家の娘・超子は冷泉天皇に嫁ぎ、居貞《いやさだ》親王（後の三条天皇）が誕生している。さらに妹の詮子も天元元年（978）には後宮に入り、後に円融天皇のもとで懐仁《やすひと》親王（後の一条天皇）を産んでいる。

外戚の地位は磐石となり、兼家最大の強みとなる。そして、兼家当人も兄の死後に右大臣となり、不遇ながらも着実に力を蓄えていたのである。

天皇の退位を仕組んだ「寛和《かんな》の変」——父の出世で、道長も政治の中枢に

永観《えいがん》2年（984）、円融天皇は師貞《もろさだ》親王に譲位する。花山《かざん》天皇の誕生だ。その同日には円融天皇と詮子とのあいだに生まれた懐仁親王が立太子する。皇太子の外祖父となった藤原兼家は関白を望んだというが、藤原頼忠が引き続き就任した。

頼忠に円融・花山両天皇との外戚関係はなく、円融天皇の時代から頼忠は「ヨソの関白」として冷遇されたという。花山天皇の即位後も、実質的に政務を牛耳ったのは天皇の叔父の藤原義懐《よしちか》と側近の藤原惟成《これしげ》だとされた。

しかし当時の義懐は権中納言に過ぎず、実際の政務決済は頼忠が花山天皇の諮問《しもん》に基づいておこなっていた。それでも、花山天皇は頼忠に頼り過ぎず、国政に意欲的だったとされる。

ところが、この体制は2年も持たなかった。寛和2年（986）、花山天皇が突如退位を表明し、元慶寺《がんぎょうじ》で出家してしまったのである。義懐も惟成とともに出家を遂げ、頼忠も関白の座から失脚。**懐仁親王が一条天皇として即位したことで、外祖父の兼家は摂政の地位を手に入れた。また皇太子には自身の外孫である居貞親王が立てられ、外戚関係もより強化されたのだ。**

この、天皇の出家騒動から始まるのが「寛和の変」だ。その真相は、摂関の座を狙う兼家の陰謀だったという説がある。『大鏡』や『栄花物語』に記された経緯は次の通りだ。

寛和元年（985）7月、花山天皇が寵愛《ちょうあい》していた女御の忯子《しし》が出産中に死去した。花山天皇は失意のあまりに出家を考え、側近たちに諫《いさ》められたという。

これを好機としたのが兼家である。翌年の6月、兼家は三男の道兼に命じ、天皇を元慶寺に連れ出した。花山天皇は、「自らもお供する」と出家を勧める道兼の説得

の御所）に移す。事態を頼忠たちが知ったときには、すべてが手遅れとなっていた。で剃髪《ていはつ》。その一方で、兼家の長男・道隆と次男・道綱も三種の神器を東宮（皇太子

なお、道兼は寺を抜け出し、結局出家しなかった。こうした兼家の陰謀により、7歳の外孫を早期に即位させるとともに、自身も摂政として政権を掌握する。記述の一部は創作だともされているが、天皇の出家と兼家の摂政就任は事実である。

ただし、頼忠は関白を辞した後も太政大臣のままだった。兼家が右大臣のままでは、摂政の地位と太政官の席次に矛盾が生じてしまう。そこで兼家は7月に右大臣を辞任。そうして席次の矛盾を解消しつつ、摂関の地位を太政大臣や左右大臣より上位とする「一座《いちざ》の宣旨《せんじ》」を朝廷から下された。

これによって**摂政・関白はすべての官職を超越した地位となり**、この前例は「寛和の例」として以後も踏襲《とうしゅう》されることになる。

その後、**兼家は摂政の人事権を活かして、息子たちの地位を向上させた**。道隆は兼家の摂政就任直後に権中納言（後に権大納言）に引き上げられ、道兼も参議を経て権中納言となった。さらに詮子も一条天皇の生母として皇太后となっている。こうした処置は、兼家一族の影響力を強めるためだ。

なかでも、最も得をしたのが五男の道長だ。当時はまだ23歳だったが、永延《えいえん》2年（988）に参議を経ることなく権中納言となる。当時、この年齢で公卿となった前例はなく、**道長は父の出世によって歴代最年少の公卿として政権に携わることになった**のだ。

摂政・道隆と道長の確執——父の死後に企てられた皇位継承の陰謀

寛和の変で摂政となった藤原兼家は、永祚《えいそ》2年（990）5月に関白に転じた。一条天皇の元服に即したものだが、その3日後に職を辞して出家している。病が原因ともいわれており、2か月後に死去。関白職は長男の道隆が継ぐことになる。この時点から、摂関は朝廷内の地位より、天皇との血縁関係を重視するようになったといえる。

ただ道隆は、就任直後に関白から摂政に転じている。同じ天皇のもとで関白から摂政に変わった前例はない。それでも特例が許されたのは、元服したとはいえ、まだ11歳の一条天皇に政務遂行は無理とされたからだろう。

就任後の道隆は、すぐに娘の定子を一条天皇に入内させた。定子は後に中宮となるのだが、このときは太皇太后、皇太后、皇后の三后すべてが埋まっていた。従来では立后《りっこう》は不可能だ。

それでも、**道隆は定子の立后を強行したのである。これによって当時の朝廷は、四后が並立するという異例の事態となった。**

道隆が娘を強引に立后させたのは、将来生まれるであろう皇子の皇位継承を確実にするためだったという。

しかし、こうした政策は藤原氏内からも反発を受ける。

高階成忠《たかしなのなりただ》や高階信順《のぶのり》らは兼家の喪中での強行を非難。藤原実資《さねすけ》は『小右記《しょうゆうき》』のなかで定子の立后を「驚奇少なからず（大変驚愕《きょうがく》した）」と記し、皇后四人体制も「往古聞かざる事也（前代未聞だ）」と評している。そして最も道隆の政策に反発したのが道長だった。

そのころ道長は、中宮大夫《ちゅうぐうのだいぶ》に任じられていた。中宮関連の事務をおこなう中宮職のトップであるが、道長は就任後も定子のもとに一度も参らなかったという。「あなすさまじ（実につまらない）」と思ってのことだとされ、長兄への不満が如実に表れたといえる。

とはいえ、以降の道長に目立った反抗は見られなかった。この時点での役職は権中納言。摂政よりはるかに格下なうえに、道隆の娘に仕える立場なので確執が深刻化することはなかったのである。

正暦《しょうりゃく》4年（993）には再び関白となり、道隆の栄華は確定的となりつつあった。こうした躍進を遂げる道隆の一族に、後世付けられた別名が「中関白家《なかのかんぱくけ》」。中は摂関政治の中間に位置するからだというが、中継ぎや二番目という異説もある。

しかし、中関白家の栄光は一代で終わる。長徳《ちょうとく》元年（995）、道隆は次女の原子《げんし》を東宮居貞親王に入内させて、外戚関係を強めようとした。だがその直後から、道隆は体調を崩して朝廷への出仕も難しくなり、3か月後に43歳で病死する。**道隆の死後に関白となった弟の道兼も疫病で命を落とし、次に内覧《ないらん》の宣旨《せんじ》が下ったのが道長だった。**

道長は兼家の五男ではあった。だが姉の詮子は一条天皇の母親、国母《こくも》である。つまり道長は天皇の外叔父という血筋であり、さらに詮子の推薦もあったためだという。大臣経験がないので関白にこそ就任できなかったが、ふたりの兄の死と姉の後ろ盾により、政権の表舞台に躍り出たのだ。

道隆の子・伊周《これちか》と道長の対立――周囲を困惑させた激烈な出世競争

藤原道長に内覧の宣旨《せんじ》が下るも、この決定に反発したのが藤原伊周《これちか》だ。伊周は天延2年（974）に道隆の次男として誕生。母親は女流歌人の高階貴子《きし》である。長男の道頼は正妻・貴子の子ではなかったため、嫡男として道隆の寵愛《ちょうあい》を一身に受けたようだ。

実際、摂政・関白に就任した道隆の威光で伊周は出世を続けていく。道隆が摂政就任の2か月後には17歳で蔵人頭に抜擢《ばってき》。右近衛中将《うこんえのちゅうじょう》と兼任しつつ、正暦2年（991）に参議となる。蔵人頭就任からわずか4か月後のことだ。

さらに、その年のうちに権中納言となり、翌年には権大納言として道長に並ぶ。そして2年後、21歳という若さで内大臣に出世した。一方の道長はまだ権大納言だったので、伊周に追い抜かれたことになる。

道隆が病に倒れると、伊周に内覧の宣旨が下される。しかし正式な任命ではなく、関白重病による一時的な処置だった。

このとき伊周と叔父の高階信順は、宣旨の「関白病間」を「関白病替」に書き換えることを朝廷に求めた。そうすれば、内覧就任が恒久的処置となり、伊周の関白就任が確定的となるからだ。

だが、奏文起草を担う大外記《だいげき》・中原致時《なかはらのむねとき》は協力を拒否し、一条天皇もこれを許さなかった。道隆が伊周の次期関白就任を奏請《そうせい》しても、一条天皇は認めていない。こうして伊周の内覧は、道隆の病死で取り決めどおり中止となった。

道長と25年間、世を治めた一条天皇

長徳元年（995）4月27日に次の関白となった道兼は、同年5月8日に没してしまう。さらに左大臣や大納言らを含む8人の公卿も病に倒れ、残された幹部は内大臣の伊周と権大納言の道長となる。

一条天皇はどちらに宣旨を下すか迷ったようだが、**内覧に任ぜられたのは道長だった。道長は6月には右大臣にまで進み、伊周を超えて筆**

頭大臣になったのだ。

内覧にもなれず、筆頭大臣の地位すらなくなった伊周は、当然ながら反発。道長と中関白家との対立が表面化していく。『小右記』によると、長徳元年7月に道長と伊周の間で口論が起きた。その激しさは「闘乱の如し」だったとされ、居合わせた貴族たちは避難し、ふたりの不仲を嘆いたという。

また、同じ月には伊周の弟・隆家の従者と道長の従者が七条大路《しちじょうおおじ》で乱闘騒ぎを起こし、翌月には道長の従者が隆家の従者に殺害される事件が起こっている。その裏では、伊周の外祖父・高階成忠が、陰陽師や法師に道長を呪詛《じゅそ》させてもいる。歴史書『百錬抄《ひゃくれんしょう》』の長徳元年八月十日条によると、伊周の命令でおこなわれたようだ。また『栄花物語』四巻では、このとき以外にも道長早世を願う祈禱《きとう》に余念がなかったとしている。

このように、道長と伊周の対立は深刻化の一途を辿っていく。その対立がピークに達した頃、伊周は法皇も巻き込む事件を起こし、朝廷から失脚することになる。その事件が「長徳の変」と呼ばれる政変劇だった。

長徳の変と伊周《これちか》の失脚——自滅した道長の政敵

藤原道長と藤原伊周の権力闘争は意外な形で幕を閉じた。長徳2年（996）正月、伊周と隆家の兄弟が花山法皇に矢を射るという、前代未聞の事件が発生したのである。その原因は女性問題にあったという。

当時、伊周は故太政大臣・藤原為光《ためみつ》の三の君、花山法皇は同じ屋敷に住む四の君のもとに通っていた。ところが伊周は、法皇が三の君にも通っていると勘違いをしたのだ。憤った伊周は弟と相談し、夜に出かける花山法皇の一行を従者と襲撃。隆家は法皇に矢を射かけた。その矢で袖を貫かれた法皇は、這《ほ》う這うの体《てい》で逃げ帰ってしまったという。

ただ、朝廷の公卿が故意に法皇を射ようとしたとは考えにくい。実際、『九条殿記』裏書の「野略抄」（小右記逸文）には別の経緯が記されている。それによると、為光邸で花山法皇の一団と遭遇した伊周・隆家兄弟が、乱闘に及んだとする。この襲撃で法皇の従者の童子ふたりが伊周の従者に殺害され首を持ち去られた、と道長は藤原実資宛ての手紙で語ったという。

この事件についてはほかの史料にも記録されており、**法皇本人に矢を射かけたかは定かではないが、兄弟が暴力事件を起こしたのは間違いない。**

襲われた花山法皇は、事件を口外しなかったようだ。出家の身で女性のもとに通っていた不躾《ぶしつけ》を隠しておきたかったのだろう。だが、事件の噂は朝廷内に広がった。同年2月、一条天皇は藤原実資に伊周の家司・菅原董宣や源致光の家宅捜索を命じ、伊周と隆家の罪科の決定を道長に命じている。しかもこの約1か月後、東三条院（詮子）が病となり、それすら伊周の呪詛だと噂が流れた。さらに4月には伊周が大元帥法《たいげんすいほう》（真言密教の呪術）で道長を呪詛したという密告がされた。もはや伊周の失脚は確定的となりつつあった。

その結果、**伊周を大宰権帥《だざいのごんのそち》、隆家を出雲権守に左遷する宣命が下される。**道長作成の配流《はいる》宣明での罪状は、花山天皇への襲撃、東三条院の呪詛、臣下の実行が禁止されていた大元帥法の実施だった。

すぐさま道長は、一条天皇の命で伊周を配所に追下《おいくだ》すよう検非違使《けびいし》に命じた。しかし伊周と隆家は病を理由に配所行きを拒み、屋敷に籠《こも》ってしまう。その後、隆家は捕縛《ほばく》され、伊周は4日間の逃亡の果てに出家姿で出頭した。そして病を理由に伊周は播磨、隆家は但馬《たじま》に留め置かれた後、10月に左遷先へ追却《ついきゃく》された。

この事件は、これまでの藤原陰謀説とは異なり、伊周の完全な自滅であった。「伊周排除を狙い道長が事件を利用した」と語られることもあるが、捜査の主導権は一貫して一条天皇にあり、道長はその命で動いていたに過ぎない。

伊周の左遷により、道長は左大臣となる。右大臣には藤原顕光《あきみつ》、長徳3年（997）には兼家の弟・公季《きんすえ》が内大臣となり、この体制が長く朝廷政治を牛耳ることになる。

一条天皇と内覧・道長の関係——良好な君主と臣下の関係にあったが…

藤原道長の躍進を語るうえで外せない人物が一条天皇だ。外戚である藤原摂関家との協調で朝廷政治を取り仕切り、道長の興隆を下支えしたからだ。

一条天皇は天元3年（980）に円融天皇の第一皇子として生まれた。皇子時代の名は懐仁親王。母は藤原兼家の次女で円融天皇の女御である詮子（後の東三条院）

である。花山天皇即位の永観2年（984）に5歳で立太子すると、翌々年に即位する。

摂政には兼家が就き、次に道隆と道兼が関白となり、その病死後は道長が内覧として政権を支えた。詮子の弟である道長にとって、一条天皇は甥にあたる。

そして娘の彰子《あきこ》を入内させ、皇子が生まれると外祖父として権力を高めている。そのため、「一条天皇を後ろ盾に政治的実権を独占した」といまに語られることもあるようだ。

しかし、一条時代の道長は内覧に過ぎない。ただ、この内覧と外戚、一上《いちのかみ》（筆頭大臣）である左大臣の地位で太政官の政務を掌握。官僚機構の頂点に立ったことは事実だ。それでも**政治と人事の最終決定権は一条天皇にあり、道長が独裁的な政治をおこなったことはない**。

確かに寛弘3年（1006）には、一条天皇による平維衡《たいらのこれひら》の伊勢守就任を公卿たちとともに反対し、任命を保留にさせてはいる。だが同年10月の臨時除目《りんじのじもく》（官職任命式）で、天皇は道長らが推薦する備後《びんご》守候補を厳しくチェックし、道長自身に詳しい説明をさせたという。

このように、**道長と一条天皇は臣下と君主の関係を崩してはいなかった。いわば、政権運営における協力者という立ち位置であったのだ。**

そうした道長と一条天皇の関係は極めて良好だったという。蔵人頭・藤原行成《ゆきなり》を仲介役として互いの意向をよく伝え、『御堂関白記《みどうかんぱくき》』などにも道長の不満は記されていない。道長が一条天皇への嫌悪の情を持たなかったことは、まず間違いない。

一方の一条天皇も、道長に強い信頼を置いていたようだ。除目は、ほぼ毎年道長に執筆を任せ、寛弘2年（1005）に道長が辞退を奏上したときも、「除目必ず奉仕すべし。若し参らざれば、行ふべきにあらず」と拒否している。寛弘4年（1007）にも辞退を認めなかったので、道長は引き続き除目を取りまとめている。道長の実務力に頼っての要請だったという。

さらには長保5年（1003）、宮中行事である内論議《うちろんぎ》では道長を自身の後ろにひかえさせ、同年に無断で来着した宋商人の処置に関しても、道長の意見を尊重する宣旨を下すなど、藤原摂関家との友好を重んじていた。

だが逆に、道長を疎《うと》んじていたとする説もある。その根拠が次の逸話だ。

寛弘8年（1011）に一条天皇が崩御した後、道長は遺品のなかから手紙を見つけた。するとそこには「三光明ならんと欲し、重雲を覆ひて大精暗し」（正しい政治を欲しているのに、重い雲に覆われて国は乱れている）と書かれていた。これを摂関家批判と捉えた道長は、怒りのあまりに手紙を焼き捨てたという。

鎌倉時代成立の歴史書『愚管抄《ぐかんしょう》』や説話集『古事談《こじだん》』の逸話なので、事実であるかはわからない。

結局のところ、一条天皇の道長に対する本心は謎のままなのである。

長女・彰子《あきこ》の入内《じゅだい》と立后《りっこう》——天皇との外戚関係を確立

時代を戻し、長徳元年（995）に藤原道長は内覧となって朝廷の頂点に立つ。真っ先に着手すべきことは摂関体制の安定化だ。そのためには、天皇との外戚関係を早期に構築する必要があった。

このとき、道長には彰子という娘がいたが、まだ9歳。入内は不可能だ。また、すでに一条天皇は藤原道隆の娘・定子を中宮としている。

さらに彰子が幼い隙を狙い、長徳2年（996）7月に大納言・藤原公季の娘・

義子《ぎし》が入内。11月には右大臣・藤原顕光の娘・元子《げんし》も後宮に入り女御となる。2年後には藤原道兼の娘・尊子《そんし》も女御となった。つけ入る隙がないようにも見えるが、諦めるわけにはいかない。

中宮といえども定子は伊周の妹で隆家の姉。長徳の変で罪人になった身内であり、立場は弱い。しかも、変のあとに髪を下ろし、長徳2年（996）に内親王は出産しているが皇子を産んでいない。

そのほかの女御も、まだ子どもを産んでいない。このまま一条天皇に皇子が生まれず、彰子が成長すれば勝ち目はある。

そんななか、長保元年（999）2月に彰子の裳着《もぎ》が執りおこなわれた。女子が12歳になるとおこなわれる、当時の成人式だ。『栄花物語』第六巻によれば、式典には右大臣以下の公卿がこぞって参集し、国母の東三条院や太皇太后・昌子《しょうし》（元冷泉天皇后）からも贈り物が進呈されたという。

そして、道長念願の入内がおこなわれたのは同年の11月。行列には11人の公卿がつき従い、40人の女房が彰子に出仕することになる。この女房たちが形成した宮廷サロンが、紫式部などの女流作家が活躍する下地をつくったのである。

女御の宣旨が彰子に下ったのは、入内して5日後のこと。奇しくも定子が敦康《あつやす》親王を産んだ同日だった。

翌月になると、道長は本格的に彰子立后に向けて動き出した。一条天皇に第一皇子が生まれた以上、うかうかしていられない。藤原行成《ゆきなり》の日記『権記《ごんき》』によると、道長は行成に書状を持たせて姉の東三条院に参らせた。手始めに天皇の母后を味方につけようとしたのだ。

これに応じた東三条院は、行成経由で一条天皇に御書を送ることで、彰子の立后を勧めたとしている。

また、道長は長保2年（１０００）正月より、陰陽師に立后の日にちを占わせていた。彰子立后を確実としての動きだったが、これは即座に中止している。一条天皇が、まだ立后を承認していなかったからだ。

出家したとはいえ、定子はまだ中宮の立場にある。彰子の立后を許せば、后がふたりとなってしまう。そのような不安を一条天皇は抱いていたという。

このとき、天皇を説得したのも行成だった。『権記』長保二年正月二十八日条によると行成は定子が出家済みであることに触れ、氏神を満足に祀《まつ》れないなどと進言。

皇室の神事を滞りなくおこなうためには后をもうひとり立てるべきだとした。この説得は行成が独断でおこなったものとされる。

ここにおいて**一条天皇は彰子立后を認め、道長に立后日時の選定を求める勅を下す**。彰子立后は、このとき正式に決定したのである。

2月に一条天皇出御のもとで、立后の儀が執りおこなわれた。定子は皇后に、彰子を中宮とする宣命が読み上げられ、各種中宮職もここで任命される。ここに、ひとりの天皇にふたりの后が並ぶ「一帝二后」が成立したのである。

敦成《あつひら》親王と敦良《あつなが》親王の誕生――道長を不安にさせた皇太子問題

彰子の入内は、皇子の誕生により道長の外戚関係を確固たるものにするためだ。

だが後宮入りが決定したとき、定子はすでに懐妊済みだった。『枕草子』第百二段には、長保元年（999）2月に一条天皇と定子が共寝していたという記述がある。懐妊したのは、おそらくこの直後だとされている。

同年11月、定子は敦康《あつやす》親王を出産。脩子《しゅうし》内親王に次ぐ第二子にして、待望の皇子であった。このとき一条天皇は、「私の気持ちは快然とした」と喜びを隠そうともせず、『栄花物語』第五巻によると、意外にも道長すら親王の誕生を喜んだという。ただ、道長が祝福した記述は『栄花物語』以外の史料にはない。道長の日記『御堂関白記』でも皇子誕生に触れていない。

敦康親王は中関白家の血筋であるが、同時に道長の父・兼家の血も引いている。次期天皇に内定している皇太子の居貞親王（後の三条天皇）は皇子が多い。即位後に自身の皇子を立太子させれば、外戚関係の弱まる道長の立場も崩れかねない。**道長の本心としては、彰子が産んだ皇子を居貞親王の即位と同時に立太子するのが理想だった。**それでも彰子が不妊に終わった場合も想定し、中関白家の敦康親王を支援するほかなかった。道長にとって敦康親王は、非常に複雑な存在だったといえる。

長保2年（1000）12月、定子は次女の媄子《びし》内親王を出産。だが後産《あとざん》が下りず、翌日に死去してしまう。二后並立状態は解消され、彰子が唯一の正室となる。ただし、このときの彰子はまだ13歳だ。

残された敦康親王は、翌年から彰子が養育することとなった。後見となったのは

『紫式部日記絵巻』に描かれた敦成親王誕生の「五十日祝」

道長である。これは親王が道長に囲い込まれたことを意味し、中関白家は敦康親王から事実上切り離された。道長と中関白家との政争が完全に決着したのは、この瞬間だという説もある。

寛弘《かんこう》3年（1006）になると、彰子も19歳となり皇子懐妊の期待が高まった。

翌年8月には道長が金峯山《きんぷせん》詣を決行し、彰子の皇子御懐妊と厄除けを祈願している。

その甲斐あってか、同年12月頃に彰子はようやく妊娠。寛弘5年（1008）4月より出産の準備に入り、9月に敦成《あつひら》親王（後の後一条天皇）を出産する。出産直前の様子が、『紫式部日記』に詳述されている。

産後は、三夜から九夜の祝いと産養の儀が盛大に執りおこなわれ、一条天皇が敦成親王と対面するため行幸したのは10月。11月には五十日祝《いかのいわい》がおこなわれ、12

月に百日《ももか》の儀が続く。後に「寛弘の佳例《かれい》」と讃えられる栄華の日々である。その翌年には再び彰子が懐妊し、9月に敦良《あつなが》親王が誕生。のちの後朱雀《ごすざく》天皇だ。**立て続けの皇子誕生で、道長と一条天皇の関係はより強固になった。**それでも敦成親王が立太子するかは、まだわからない。**一条天皇は第一皇子の敦康親王の立太子を画策していたし、**彰子もそれを支持したからである。

皇太子問題に決着がつくのは、一条天皇が病に倒れてからだった。

一条天皇の崩御——道長が譲位工作をした理由

寛弘8年（1011）5月、一条天皇は病床に伏す。そもそも天皇は幼少の頃から病弱で、即位後も「御悩《ごのう》（病気）」で寝込むことは多々あった。

それでも、今回の病状はこれまでになく深刻だった。『御堂関白記』の寛弘八年五月二十三日条にも「今頗《すこぶ》る重く悩み給う」とあり、『権記』寛弘八年五月二十五日条も「容体、悩乱の気有り」と容体の重さを伝えている。

道長は見舞いに参上するとともに、同月25日より占いをおこなっている。内容は天皇の譲位時期である。占いの結果は天皇崩御だった。それを見た道長は、26日に無断で譲位の発議をおこなっている。

一条天皇が譲位を決断するのは翌27日。即位が決まっていたのは居貞親王だ。冷泉天皇の第二皇子であり、一条天皇の従兄にあたる。兼家の長女・超子を母とし、藤原摂関家とのつながりも深かった。決まらなかったのは居貞親王の皇太子である。

当時は円融系と冷泉系の両統迭立《てつりつ》状態にあったので、冷泉系である三条天皇のあとは、円融系の一条天皇の皇子が皇統を継ぐことは確定している。有力候補と目されたのは、もちろん第一皇子の敦康親王だ。当時、皇后や中宮が産んだ第一皇子は必ず立太子していた。前例に倣《なら》えば敦康親王が次期東宮の候補となり、一条天皇もそれを望んでいたという。

しかし**道長の望みは、自身が外祖父となる敦成親王の即位である。**もしも敦康親王が皇太子となれば、次のチャンスはその二代先だ。

この時点で道長は46歳。当時としては高齢の域に達しており、時間の余裕はあまりなかった。道長が一条天皇の早期譲位にこだわったのも、敦成親王立太子を天皇存命中に確定させるためだった。

このときに活躍したのが、ふたたび藤原行成である。一条天皇が敦康親王の立太子について諮問《しもん》したとき、行成は次のように説得している。

皇子が正嫡になるかどうかは、天皇の寵愛ではなく外戚が重臣であるかで決まる。行成は藤原良房の後見で即位した惟仁《これひと》親王（清和《せいわ》天皇）を例に出し、道長が外戚の敦成親王が皇太子となるべきであると説得。敦康親王には年官、年給、年爵《ねんしゃく》を賜い、好待遇を与えればいいと進言した。

また、仮に敦康の立太子を強行しても道長は決して納得はせず、確実に変事が起きるだろうと警告したのである。

一条天皇が敦康親王の立太子を諦めたのは、このときだとされる。なお、行成が参内する直前、女官たちが「御病悩は重くないのに時代の変が起きてしまいました」と嘆いていたという。道長の譲位工作は、内裏では周知の事実だったようだ。

6月2日、**一条天皇は居貞親王と対面して正式に即位を要請した。13日に居貞親王が譲位を受け、三条天皇となる。皇太子は敦成親王である。**

一条天皇の病状は、その翌日より悪化して19日に出家を遂げる。そして22日、一条天皇崩御。道長とともに築いた25年の一条朝は、こうして幕を閉じたのである。

三条天皇と道長の確執——対立を激化させた皇后選定問題

寛弘8年（1011）の即位式で、三条天皇は正式に皇位を継承した。ただ、一条天皇とは違い、藤原道長との関係はよくはなかった。

両者の対立は皇位継承の前から始まっている。長和元年（1012）、三条天皇は道長に内覧の宣旨を下すとともに、関白就任を命じた。しかし道長は、内覧については受け入れたものの、関白就任は辞退している。

それ以前より、三条天皇は幾度も関白就任を要請していたようで、道長は「今年は（一条天皇が崩御したので）重く慎むべき」と断り続けていた。関白になると天皇の補佐に回らなければならず、太政官の議定に関われなくなるからだという。

三条天皇の母親は兼家の娘・超子であり、道長の同母姉だ。本来なら一条天皇と同じように、血縁関係を利用し友好を結べるはずだった。しかし、東三条院があいだを取り持った一条天皇と違い、超子はすでに鬼籍《きせき》に入っていた。つまりは調整役となる人物に欠いていたのだ。

しかも即位時の三条天皇は36歳。すでに自己が確立しており、第一皇子の敦明《あつあきら》親王は18歳だ。両統迭立のルールでは、敦成親王の次は敦明親王が皇位を継ぐことになる。敦成親王から敦良親王への連続継承を狙う道長との対立は、まさに必然だったといえよう。

こうした対立が頂点に達したのが皇后選定問題だ。長和《ちようわ》元年（1012）、三条天皇は道長に妍子《けんし》立后の宣旨を下す。朝廷首班の娘を皇后もしくは中宮にするのが当時の慣例だったので、道長の次女・妍子を立后するのは当然だ。

ところが妍子を中宮とした翌月、三条天皇は別の女性を皇后に立てると宣言した。相手は藤原済時《なりとき》の娘・娍子《せいし》である。

三条天皇は若い頃より娍子を寵愛しており、敦明親王も彼女から生まれている。しかし父の済時は故人であり、後見は済時の子で娍子の弟の通任《みちとう》しかいない。だが通任は公卿でしかなく、**慣例に従えば娍子を皇后には立てることはできない**。

それでも三条天皇は立后を強行。道長は娍子立后の当日に、わざと妍子の参内を合わせ、抗議の意を示している。**一帝二后の復活で、道長との対立は決定的となる**。

妍子が皇子を産めば関係の改善もあっただろうが、長和2年（1013）に誕生したのは皇女だった。

対立が激化する最中、長和3年（1014）に内裏が焼失した。その心労からか、天皇は眼病を患う。

『小右記』長和三年三月十四日条と二十五日条によると、これに便乗して道長は「天が主上（三条天皇）を責め奉った」と譲位を求めている。

翌年になっても三条天皇の眼病は悪化を続け、10月になると藤原公任と源俊賢《としかた》も道長につき、譲位を迫る。公卿たちの圧力と病状の悪化に耐えかね、同月27日には道長に准摂政の宣旨を下した。事実上の政権委譲である。

道長と対立した三条天皇

頼みの伊勢神宮での回復祈禱《きとう》も効果がなく、新造の内裏も11月に再び焼け落ちてしまう。この内裏焼亡時にも道長は退位を責め立てたらしく、ついに三条天皇は12月譲位を決断。敦明親王の立太子を条件とし、それを道長に呑ませての退位であった。

後一条天皇の即位と摂政宣下《せんげ》——一族で要職を独占した道長

長和5年（1016）、敦成親王は皇位に就いた。後一条天皇である。太極殿《たいきょくでん》にて執りおこなわれた即位式では、天皇をはさんで皇太后の彰子が西の座に着き、藤原道長も外祖父として東の座に上ることになる。

後一条天皇はまだ9歳なので、摂政が置かれる。拝されたのが道長である。良房と兼家に続く、3人目の外祖父摂政だ。

これまでも道長は、内覧と左大臣として政権の首班ではあったが、天皇や他の公卿との協調と調整は必要となる。しかし**摂政は天皇の政務を完全に代行するので、道長の命は天皇の詔勅《しょうちょく》と同等に扱われる**。

さらには、天皇との仲介役となる彰子は存命だが、政治に口出し可能な一条上皇は崩御しているという、摂関家にとっては理想的な状況が築かれていた。道長の権力は、ここに万全となったのである。

ところが翌年、道長は早くも摂政を辞している。後を継いだのは嫡男の頼通だ。

すでに道長は前年に左大臣を辞しており、藤原顕光を次の左大臣、藤原公季を右大臣、頼通を内大臣としている。

　このわずか1年での摂政辞任について、歴史学者の元木泰雄《もときやすお》氏は「摂政に留まる必要がなくなっていた」としている。

　すでにこの時期、外祖父の権威は摂政を大きくしのいでいた。道長が現在の地位にこだわる必要性はなく、**自身が健在なうちに摂政を譲って後継体制を固めるとともに、後見として頼通の体制を支えようとした**という。また、摂関を巡る父や兄の政争の教訓もあったようだ。

　摂政を離れた後、道長は「大殿《おおとの》」として強い権力を維持していた。無官ながらも人事への影響を保ち、専用の直盧《じきろ》（休憩所）も後宮に置かれたままだった。残る懸念は三条上皇の嫡男・敦明親王の対処だった。敦明親王は皇太子となったが、道長としては孫の敦良親王を立てたいところだ。

　こうしたなか、三条上皇が病で崩御する。そうなると、敦明親王の有力な後見人がいなくなる。そのため、敦明親王は皇太子の辞退を検討し始めた。情報を掴んだ道長は、親王のもとに赴いて面談する。これによって道長と辞退後の待遇を取り決めた敦明親王は皇太子を退き、敦良親王が新たに立てられた。懸念材料だった後継問題も解決に至ったのである。

このときの朝廷は、天皇と皇太子が道長の孫、皇太后と中宮が道長の娘、摂政が道長の長男と、その中枢を摂関家が独占。道長自身は、寛仁元年（1017）の年末に従一位太政大臣となって人臣の位を極める。

ここにおいて道長を中心とする藤原摂関家は、栄華の頂点に達したのである。

4章

紫式部と藤原道長の運命を決めた人びと

◉親・子・兄弟から敵・味方まで

藤原為時《ふじわらのためとき》

〈天暦3年(949)頃〜長元2年(1029)頃〉

漢文・歴史の研究者だった紫式部の父

紫式部の父。菅原道真の孫である菅原文時《ふみとき》に師事し、大学寮で紀伝道《きでんどう》(歴史学科)を専攻。蔵人所雑色《くろうどどころのぞうしき》、播磨権少掾《はりまのごんのしようじよう》を経て、貞元《じようげん》2年(977)に師貞《もろさだ》親王が初めて学業を始める「御読書始」において副侍読《ふくじどく》(副教授)を務める。

永観《えいかん》2年(984)、師貞親王が即位して花山《かざん》天皇となると式部丞《しきぶのじよう》・六位蔵人《ろくいのくろうど》に任じられ、紫式部の「式部」は為時の官職名に由来する。なお「雑色《ぞうしき》」とは見習い、「権少掾」は定員外の国司三等官のこと。「式部丞《しきぶのじよう》」は式部省の三等官、「六位蔵人」は蔵人所で天皇の給仕や秘書的役割を果たす役職をいう。

寛和《かんな》2年(986)、花山天皇の退位に伴い官職を辞任。約10年、官職のない散位《さんい》を経験し、長徳2年(996)に従五位下《じゆごいげ》として国司の長官(守)として越前《えちぜん》国(現福井県中・北部)へ赴く。

寛弘《かんこう》6年(1009)正五位下・左少弁《さしようべん》(太政官の三等官)に任命されるが、2年後に越後守として下向。長和《ちようわ》5年(1016)には出家し、寛仁《かんにん》2年(1018)に摂政である藤原頼通《よりみち》の邸宅の屏風に詩を献じたが、その後の消息は不明である。

藤原為信女《ふじわらのためのぶのむすめ》

〈生没年不詳〉

一男二女をもうけた紫式部の母

紫式部の母で本名は不明。父の為信《ためのぶ》は承平《じょうへい》5年（935）頃の生まれで、中納言・文範《ふみのり》を親とする。康保《こうほう》2年（965）、為信は蔵人に任ぜられ、のちに越後国司に就任。そのほかに右近衛少将《うこんえのしょうしょう》（次官）、摂津《せっつ》守を歴任し、常陸《ひたち》守在任中の寛和3年（987年）に出家する。

式部の母が為時と結婚したのは天禄《てんろく》の初年（970）頃とされ、当時、為時は播《はり》磨権少掾《まのごんのしょうじょう》。式部を含む一男二女をもうけたが、息子の惟規《のぶのり》を産んでから間もなくして他界している。

藤原惟規《ふじわらののぶのり》

〈天延2年（974）?〜寛弘8年（1011）〉

短命だった紫式部の弟

紫式部の弟（兄という説もあり）。若くして父と同じ文章生《もんじょうしょう》（紀伝道《きでんどう》を専攻した学生）となり、長保《ちょうほう》6年（1004）には中務《なかつかさ》省の少内記《しょうないき》（中堅職員）として位記（位階の授与者に、その旨を書き記して与える文書）の作成を命じられている。

その後、兵部丞《ひょうぶのじょう》、六位蔵人《ろくいのくろうど》、式部丞《しきぶのじょう》を経て寛弘《かんこう》8年（1011）に従五位下《じゅごいげ》に叙され、父とともに越後国に赴任するが現地で亡くなっている。

藤原宣孝《ふじわらののぶたか》――疫病で突然この世を去った紫式部の夫

〈生年不詳～長保3年（1001）〉


紫式部の夫、父は権中納言《ごんのちゅうなごん》・藤原為輔《ためすけ》。円融《えんゆう》天皇の御代《みよ》末に六位蔵人兼左衛門尉（左衛門府の三等官）を務め、永観《えいかん》2年（984）には院判官代《いんほうがんだい》（院庁の事務官）に補《ふ》せられる。

その後、蔵人を経て正暦《しょうりゃく》元年（990）に筑前《ちくぜん》守に任ぜられて筑紫《つくし》国（現福岡県の東部をのぞいた部分）に赴任。正暦3年（992）頃には大宰少弐《だざいのしょうに》（大宰府の次官）も兼ねている。のちに右衛門権佐（定員外の次官）として京に戻り、長徳《ちょうとく》4年（998）には山城《やましろ》守も兼任し、この頃に紫式部と結婚している。

長保《ちょうほう》3年（1001）4月、疫病のために死去。『式部家集』には、宣孝を弔う歌がいくつか収められ、その1つが「見し人の　けぶりとなりし　夕べより　名ぞむつましき　塩釜《しおがま》の浦」（夫が荼毘《だび》に付されて煙となった夜から塩釜の浜をとても身近に思う）。塩釜は現在の宮城県塩竈市で、海藻を焼いて塩を取ることで知られていた。

藤原賢子《ふうじわらのけんし》

〈長保元年（999）頃～永保2年（1082）頃〉

女房として道長の娘に出仕した紫式部の娘

紫式部の娘。3歳ごろに父と死別し、18歳頃には藤原彰子《あきこ》（上東門院《じょうとうもんいん》）に女房として出仕する。

駆け引き上手な恋多き女性だったようで、藤原道長の次男・頼宗《よりむね》や権大納言《ごんのだいなごん》・藤原公任《きんとう》の長男定頼《さだより》、大納言・源時中《みなもとのときなか》の七男・朝任《あさとう》らと交際があったことが知られ、その後、関白藤原道兼《みちかね》の次男・兼隆《かねたか》と結婚。一女の源良宗室をもうけた。

万寿《まんじゅ》2年（1025）、親仁親王《ちかひと》（後の後冷泉天皇）の誕生に伴って乳母に任ぜられ、夫と別れた後、長暦《ちょうりゃく》元年（1037）までの間に高階成章《たかしなのなりあき》と再婚し、翌年に為《ため》家《いえ》と一女をもうける。天喜《てんぎ》2年（1054）、後冷泉天皇の即位とともに従三位《じゅさんみ》に昇叙し、成章も大宰大弐《だざいのだいに》（大宰府長官）に就任。自らの位階と夫の官名より、大弐三《だいにのさん》位《み》の女房名を持つ。

数多くの歌を残し、女房三十六歌仙のひとりにも数えられ、百人一首の「ありま山　ゐなの篠原　風吹けば　いでそよ人を　わすれやはする」は賢子の作である。

藤原兼家《ふじわらのかねいえ》――勢力争いで兄と対立した、道長の父

〈延長7年(929)～永祚2年(990)〉

藤原道長の父。右大臣・師輔《もろすけ》の三男として生まれ、義兄の村上天皇の時代には左京大夫と春宮亮《とうぐうのすけ》を兼ねている。

康保《こうほう》4年（967）、甥の冷泉《れいぜい》天皇が即位すると、蔵人頭《くろうどのとう》となって左近衛中将《さこんえのちゅうじょう》（次官）を兼ね、翌年には従三位《じゅさんみ》となり、さらにその翌年、安和2年（969）には参議を経ずに中納言になるというスピード出世を遂げる。

天禄3年（972）には正三位《しょうさんみ》大納言に引き立てられ、右近衛大将《うこんえのだいしょう》（長官）と按察使《あぜち》（地方行政監督官）を兼ねる。

兄の兼通《かねみち》との確執により治部卿《じぶきょう》（治部省長官）に格下げされたものの、天元《てんげん》元年（979）に右大臣就任。花山《かざん》天皇の出家で孫の一条天皇が即位すると外戚として摂

政となる。永祚《えいそ》元年（989）に嫡男道隆《みちたか》を内大臣に任命し、自身は太政大臣に就任。関白に任じられたのは一条天皇が元服を果たした翌年のこと。

しかし、病気を理由にわずか3日で道隆に関白を譲って出家したものの、その2か月後に病没している。

藤原時姫《ふじわらのときひめ》——ふたりの天皇の祖母に当たる、道長の母
〈生年不詳〜天元3年（980）〉


藤原道長の母。父は摂津守《せっつのかみ》藤原中正《なかまさ》で、道隆《みちたか》、道兼《みちかね》、道長、超子《ちょうし》、詮子《せんし》らを産む。このうち超子は三条天皇の、詮子は一条天皇の母親なので、時姫は両天皇の祖母に当たる。ただし一条天皇の即位は寛和《かんな》2年（986）、三条天皇は寛弘《かんこう》8年（1011）なので、孫の即位を見ることはなく、夫の摂政就任にも間に合わなかった。

兼家《かねいえ》には数人の妻がいたが、そのひとりである藤原道綱母《みちつなのはは》（本名不明）は『蜻蛉《かげろう》日記』の作者。日記には時姫とおぼしき女性が登場し、作者がライバル心を抱いている描写がなされている。

源倫子《みなもとのりんし》

〈康保元年（964）～天喜元年（1053）〉

道長の正室は、夫の出世にも大きく関わっていた

藤原道長の正室。父は左大臣・源雅信《まさのぶ》、母は中納言・藤原朝忠《あさただ》の娘・穆子《ぼくし》。道長と結婚との婚姻は永延《えいえん》元年（987）で、そのとき倫子は24歳、道長は22歳だった。当初、雅信は倫子を天皇の后にと考えていたようだが、花山《かざん》天皇は2年足らずで退位し、次の一条天皇は16歳も年下。穆子の強い勧めもあって、道長と結ばれる。

しかし、この結婚が藤原兼家《かねいえ》と雅信の緊張緩和につながったこと、また財政的に豊かな雅信の婿になることは、道長の政治的もしくは経済的な基盤の形成に大きく寄与したといわれている。

永延2年（988）に後に一条天皇の中宮となる彰子《あきこ》、正暦《しょうりやく》3年（992）に頼通《よりみち》を産み、その後、妍子《けんし》（後の三条天皇中宮）、教通《のりみち》、威子《いし》（後の後一条天皇中宮）、嬉子《きし》（後の敦良《あつなが》親王妃、後冷泉天皇母）が誕生している。

万寿《まんじゅ》4年（1027）に道長が死去し、彰子を除く娘三人にも相次いで先立たれ、長暦《ちょうりやく》3年（1039）に出家。清浄法と号し、天喜《てんぎ》元年（1053）に90歳でこの世

を去った。

源明子《みなもとのめいし》——父は実力者だった、道長の妻

〈康保2年(975)?～永承4年(1049)〉

藤原道長の妻。父は左大臣・源高明《たかあきら》だが、叔父である盛明《もりあきら》親王の養女となる。道長との婚姻は永延《えいえん》2年（988）。ただ、この前年に道長は倫子《りんし》と結婚している。

高明は臣籍降下した醍醐《だいご》天皇の皇子であり、左大臣にまで就任した実力者だった。しかし、安和《あんな》の変で流罪となって失脚。天禄《てんろく》2年（971）に罪を赦されて翌年に帰京するが、政界に復帰することはなく、天元《てんげん》5年（982）に没している。つまり、明子が嫁いだとき、高明はこの世にはなく、もちろん権力も有していなかった。

正妻の倫子には現職大臣の父という後ろ盾もあったため、その子どもたちは出世を重ねていく。それに対し明子の子女は1ランク下にみなされ、男子は倫子の子を超える地位に立つことはできず、娘も中宮や皇后になることはできなかった。

藤原頼通《ふじわらのよりみち》
〈正暦3年(992)〜延久6年(1074)〉

摂政・関白など要職を歴任した道長の長男

藤原道長の長男。道長の後ろ盾もあり、長保《ちょうほう》5年（1003）には12歳で正五位下《しょうごいげ》に叙せられ、寛弘《かんこう》3年（1006）には15歳にして従三位《じゅさんみ》となって公卿に列し、長和《ちょうわ》2年（1013）には権大納言《ごんのだいなごん》に任ぜられる。

頼通の正妻は村上天皇の第七皇子・具平《ともひら》親王の娘・隆姫《たかひめ》女王。しかし隆姫は生涯子どもを産むことがなく、頼通の子女は正妻以外の子どもである。

長和6年（1017）年に内大臣に累進するとともに、道長から摂政の地位を譲られる。寛仁《かんにん》3年（1019）には関白となり、治安《じあん》元年（1021）に関白の地位を保ったまま左大臣に転じる。

ただ、摂関の地位を譲っても道長は依然として実権を握り続け、頼通は一時、不始末を原因として勘当の処分を受けている。

後朱雀《ごすざく》天皇が即位すると、頼通は引き続き関白を務める。その後、後朱雀天皇が崩御し、後冷泉《ごれいぜい》天皇が即位するも、皇太子となった尊仁《たかひと》親王は藤原氏を外戚としない。そこで頼通は一人娘の寛子《かんし》を入内させて後冷泉天皇の皇后とするも、皇子に恵まれることは無かった。

康平《こうへい》4年（1061）、太政大臣となり、翌年には父にならって職を辞す。治暦《じりゃく》3年（1067）には関白も辞し、翌年に後冷泉天皇が崩御すると、頼通は宇治にこもってしまう。延久《えんきゅう》4年（1072）には出家をし、その2年後に83歳で永眠する。

藤原彰子《ふじわらのあきこ》——天皇の母となった道長の長女

〈永延2年（988）～承保元年（1074）〉

藤原道長の長女。長保《ちょうほう》元年（999）に、12歳で一条天皇のもとへ入内する。この当時、中宮の藤原定子《ていし》ほか、藤原義子《ぎし》、藤原元子《げんし》、藤原尊子《そんし》が後宮に入っていたが、定子は兄弟の藤原伊周《これちか》と藤原隆家《たかいえ》が長徳の変で訴追されたことによる衝撃を受けて長徳《ちょうとく》2年（996）に出家。同時期に元子は実家に戻り、義子も尊子も懐妊することはなかった。

このような状況のなか、道長の意思をくんだ蔵人頭《くろうどのとう》の藤原行成《ゆきなり》は、長保《ちょうほう》2年（1000）に一条天皇に対して彰子立后の意見具申をおこなう。その結果、彰子は中宮となり、同年に定子は亡くなる。一条天皇には定子が産んだ第一皇子の敦康《あつやす》親王がいて、彰子は13歳で養母となる。

寛弘《かんこう》5年（1008）、彰子が懐妊。誕生したのが敦成《あつひら》親王、後の後一条天皇である。『紫式部日記』には、この懐妊と出産の様子が詳細につづられている。さらには翌年に彰子は敦良《あつなが》親王（後の後朱雀《ごすざく》天皇）を生む。

寛弘8年（1011）、一条天皇が発病し、道長は譲位をすすめる。天皇は敦康《あつやす》親王を後継者に望んでいたが、藤原行成に説得されて敦成親王を立太子し、三条天皇に譲位した。

これに憤ったのが彰子である。夫の一条天皇や自分が育てた親王をないがしろにし、天皇の譲位も一切相談なされていない。そんな父の態度に激怒したのだ。彰子の気の強さがうかがえるエピソードではある。

譲位した一条上皇は、程なくして32歳で崩御。長和《ちようわ》5年（1016）に後一条天皇が即位し、彰子は国母《こくも》（天皇の母）となる。翌年、道長は出家して表面上は政界から身を引き、彰子は頼りない弟たちに代わって一門を統率。だが、万寿《まんじゆ》3年（1026）年に落飾《らくしよく》し、法成寺《ほうじようじ》の内に東北院を建てて晩年ここを在所とし、承保《じようほ》元年

（1074）87歳で旅立った。

彰子は、肌が透き通るように美しく、髪もふさふさとして見事だと『紫式部日記』に記され、聡明で優しく、栄華を極めながら思慮深く、「賢后」とさえ賞された。一条天皇の臨終のときまで看護をし、辞世の句は彰子が書き留めている。局《つぼね》（居室）に藤壺《ふじつぼ》という名の部屋が割り当てられたことから、『栄花物語』では彰子のことを「かかやく（輝く）藤壺」と賞している。

藤原道隆《ふじわらのみちたか》

〈天暦7年（953）～長徳元年4月（995）〉

定子の入内《じゅだい》をめぐり、弟・道長と対立

藤原道長の兄。兼家《かねいえ》の長男。永観《えいかん》2年（984）、円融《えんゆう》天皇の譲位にともなって従《じゅ》三位《さんみ》に叙せられ、皇太子となった懐仁《やすひと》親王（後の一条天皇）の春宮権大夫《とうぐうごんのだいぶ》に任じられる。

一条天皇が即位すると、道隆は正三位《しょうさんみ》権中納言《ごんのちゅうなごん》から従二位《じゅにい》権大納言へ一気に引き上げられ、永延3年（989）には内大臣となる。

永祚《えいそ》2年（990）、道隆は長女・定子《ていし》を一条天皇の女御として入内させ、同年に

父・兼家《かねいえ》に代わって関白となり、その後に摂政となった。正暦《しょうりゃく》2年（991）、内大臣の官を辞して弟の道兼《みちかね》に譲り、2年後には再び関白となる。

しかし長徳元年（995）、道隆は病に伏してしまう。嫡子の伊周《これちか》に関白の座を譲ろうとしたものの許されないまま、同年4月6日に出家し、その4日後に死去した。その死因は疫病ではなく、過度な飲酒などによる糖尿病の悪化だとする説もある。

『大鏡』や『枕草子』などには、道隆はおおらかで朗らかな性格で大の酒好き。酔っ払って人前で烏帽子《えぼし》を外した（当時は無帽で人前に出るのは失礼）話や、亡くなる際に、極楽で飲み仲間に再会することを喜んだ話も伝わっている。その一方で、気配りのいき届く心の広さを持ちあわせていたともいわれている。

藤原道綱《ふじわらのみちつな》 ――遅れて出世した、道長の兄

〈天暦9年（955）〜寛仁4年（1020）〉

藤原道長の異母兄。兼家《かねいえ》の次男。天禄《てんろく》元年12月（970）に従五位下《じゅごいげ》へ叙され、その後、武官を歴任するが、母親が正妻ではなかったため昇進は大きく遅れた。そ

れでも延元元年（987）に従三位《じゅさんみ》まで昇進して公卿に列し、長徳《ちょうとく》2年（996）に中納言、翌年に大納言と急速に昇進した。

寛仁《かんにん》4年（1020）、病気のため重態に陥って10月13日に出家。2日後に66歳で死去。

ライバル関係にあった藤原実資《さねすけ》は、道綱のことを「何も知らない輩《やから》」「40代になっても自分の名前に使われている漢字しか読めなかった」などとし、政治的才能や文学的素養はなかったようだ。

母も自著の『蜻蛉日記《かげろうにっき》』で、道綱のことをおとなし過ぎる性格だと記している。ただ弓の名手であり、宮中の試合で旗色の悪かった道綱の組を、自身の活躍で引き分けに持ち込んだというエピソードも記されている。

藤原道兼《ふじわらのみちかね》

〈応和元年（961）～長徳元年（995）〉

「寛和《かんな》の変」のキーマンだった、道長の兄

藤原道長の兄。兼家《かねいえ》の三男。寛和《かんな》2年（986）に兼家が摂政に任じられた際に参議となり、そこから従三位権中納言《じゅさんみごんのちゅうなごん》、正三位《しょうさんみ》、従二位と出世を果たし、永祚《えいそ》元年（989）には正二位権大納言と累進した。

正暦《しょうりゃく》元年（990）、兼家の薨去《こうきょ》に伴って兄の道隆が関白になると、道兼は自分が選ばれるべきだったと父を恨み、喪中であるにもかかわらず遊興《ゆうきゅう》に耽ったという。

それでも正暦2年（991）に内大臣、3年後には右大臣へと出世。長徳《ちょうとく》元年（995）に道隆が亡くなると、道兼は念願の関白に就任する。ところが宣下を受けて間もなく病死。あまりに短いことから、「七日関白」と称された。

その容姿は顔色が悪く、体毛も濃くて醜悪《しゅうあく》とされ、性格は冷酷かつ意地が悪く、兄の道隆に文句ばかりいっている礼儀知らずだった、ともいわれている。

藤原超子《ふじわらのちょうし》 ―― 道長の姉にして三条天皇の母

〈天暦8年（954）頃～天元5年（982）〉

藤原道長の姉。兼家の長女。安和《あんな》元年（968）に冷泉《れいぜい》天皇の後宮に入内。翌年の冷泉天皇譲位後に、居貞《いやさだ》親王（後の三条天皇）、為尊《ためたか》親王、敦道《あつみち》親王、光子《みつこ》内親王を産む。

しかし天元5年（982）に急死。早朝に、脇息《きようそく》に寄りかかったまま眠っているかのように息絶えていたという。

藤原詮子《ふじわらのせんし》——一条天皇の母であり、道長の姉

〈応和2年（962）〜長保3年（1001）〉

藤原道長の姉。兼家《かねいえ》の次女。天元《てんげん》元年（978）、円融《えんゆう》天皇に入内し、2年後には懐仁《やすひと》親王（後の一条天皇）を産んでいる。ところが藤原頼忠《よりただ》の娘・遵子《じゆんし》に皇后の座を奪われたことで、実家の東三条邸にこもってしまう。

さらに遵子が立后の際、遵子の兄弟である公任《きんとう》が東三条邸の前で、「こちらの女御は、いつになったら立后なさるのか」と自慢げにいったため、兼家と詮子《せんし》親子の恨みを買ったという。

しかし、一条天皇が即位すると形勢は逆転。寛和《かんな》2年（986）に皇太后となると、公任は詮子の女房から「姉君の素腹（妊娠できないこと）の后はどちらにおいで？」と皮肉られたという。

正暦《しょうりやく》2年（991）に円融法皇が崩御すると、詮子は出家して東三条院と称する。

東三条院の女院号もある藤原詮子

これが女院号の最初である。

一条天皇の時代、詮子は国母として強い発言権を持ち、しばしば政治に介入した。そのために「母后専朝事」（皇太后は政治をほしいままにする）と非難されてもいる。

また、道長をひいきにしていて、道兼の死後は道長が関白になるのが道理であると強く一条天皇に推薦。なかなか聞き入れない一条天皇の寝所にまで押しかけ、涙を流して訴えかけたとの逸話も伝わる。さらに、一条天皇には皇后に定子がいたにもかかわらず、道長の娘の彰子を入内させようともしている。

そんな図太いともいえる性格を持つ半面、失脚した源高明《たかあきら》の娘・明子《めいし》を引き取って道長に娶《めあ》わせたり、皇后・定子が難産で崩御した際も、残された第二皇女・媄子《びし》内親王を養育したりもしている。

源雅信《みなもとのまさのぶ》

〈延喜20年（920）～正暦4年（993）〉

道長の父のライバルであり、道長の正室の父

藤原道長の正室・倫子《りんし》の父。宇多《うだ》天皇の皇子である敦実《あつみ》親王の三男として生まれ、承平《じょうへい》6年（936）に臣籍降下《しんせきこうか》して従四位下《じゅしいげ》に叙される。天慶《てんぎょう》元年（938）の侍従を皮切りに、右近衛権中将《うこんえのごんのちゅうじょう》、蔵人頭と昇進し、天暦《てんりゃく》5年（951）には参議に任ぜられて公卿に列した。

安和《あんな》2年（969）に円融《えんゆう》天皇が即位すると、その信任を得て、権中納言、中納言、大納言と急速に昇進し、貞元《じょうげん》2年（977）には右大臣に任じられている。

関白・兼通《かねみち》が没すると、貞元3年（978）には左大臣となる。この体制は花山《かざん》天皇や一条天皇が即位した後も続き、藤原兼家《かねいえ》が摂政として全権を振るおうとしても、雅信の存在は障害であり続けた。ただ、娘の倫子が道長に嫁ぐと、兼家と雅信の確執も弱まっていく。倫子は両家のあいだに立ち、関係融和の役目も担ったのである。

性格はまじめな堅物で、仕事中には公務のことしか口にしない。「南無《なむ》八幡大菩《はちまんだいぼ》

薩《さつ》、南無金峯山金剛蔵王《きんぷせんこんごうざおう》、南無大般若波羅蜜多心経《だいはんにゃはらみつたしんぎょう》」を毎日百回、念誦《ねんじゅ》するのを日課にしていたが、琵琶《びわ》の名手でもあり、有職故実《ゆうそくこじつ》や和歌、蹴鞠《けまり》にも通じていた趣味人でもあった。

正暦《しょうりゃく》2年（991）、雅信の弟・重信《しげのぶ》が右大臣に就任し、兄弟で左右大臣を務める。2年後、雅信は病気のために辞官し、2か月後に出家した翌日逝去。享年74。祖父や父ゆかりの仁和寺《にんなじ》に葬られた。

藤原穆子《ふじわらのぼくし》——道長の出世を予見した、道長の正室の母

〈承平元年（931）～長和5年（1016）〉

藤原道長の正室・倫子《りんし》の母で中納言・朝忠《あさただ》の娘。倫子が道長に嫁ぐ際には、次のようなエピソードが知られている。

夫の雅信《まさのぶ》は左大臣として一上《いちのかみ》の地位にあったが、花山《かざん》天皇、一条天皇、三条天皇の皇太子時代に東宮傅《とうぐうのふ》（皇太子の教育係）も務めていた。雅信はこの関係を利用して、倫子を天皇の后にしようと望んでいた。しかし花山天皇が退位すると、藤原道長が倫子へ求婚。まだ道隆《みちたか》や道兼《みちかね》らがいた頃なので道長の出世は望めず、しかも倫

子より2歳年下だ。雅信は相手にしようとはしなかった。ただ、雅信が妻に相談したところ、穆子は夫の意見に猛反対。一条天皇は倫子よりも14歳も年下で、居貞親王《いやさだ》（後の三条天皇）も10歳下。入内させるにも早すぎる。宮中に入るよりも道長の出世のほうがまだ可能性があるとし、強引に倫子を道長に嫁がせてしまったのだ。

これには雅信も兼家も唖然《あぜん》としたというが、結果は穆子の予想通りとなった。そんな経緯があったためか、さすがの道長も穆子には頭があがらなかったようだ。

雅信の死後、穆子は出家し「一条尼《いちじようのあま》」と呼ばれるようになる。長保《ちようほう》3年（1001）の70歳を祝う加持祈禱《かじきとう》は道長夫妻の主催によって大規模におこなわれ、晩年は観音寺にしばしば籠《こも》ったという。長和《ちようわ》5年（1016）、病状が悪化し、道長夫妻も看病にあたったものの同年7月に86歳で病死している。

高階貴子《たかしなのきし》
〈生年不詳～長徳2年（996）〉

末流貴族でありながら栄達を極めた

道長の兄・道隆《みちたか》の妻。父は高階氏として初めて公卿に列した高階成忠《なりただ》で、円融《えんゆう》天皇の時代に内侍《ないし》として宮中に出仕した。

女房三十六歌仙に数えられる歌人でもあり、通称は高内侍《こうのないし》、または儀同三司母《ぎどうさんしのはは》。前者は女官名、後者は息子・伊周《これちか》の官職の唐名「儀同三司」から。詩文にも長《た》けていたため殿上の詩宴に招かれるほどであった。

この頃に道隆の妻となり、伊周、隆家、隆円《りゅうえん》、定子《ていし》を含む三男四女を産む。成忠は道隆との結婚に乗り気ではなかったが、ある朝、帰っていく道隆の後ろ姿を見て、「必ず大臣に至る人なり」といって、ふたりの仲を許したという。

やがて、道隆は関白・摂政となり、定子は一条天皇の中宮に立てられ、伊周も内大臣に上ったため、貴子は末流貴族の出身ながら栄達を極める。

しかし、道隆の病死や伊周と隆家の失脚で権勢は道長に移る。長徳《ちょうとく》の変で伊周と隆家が都を追放される際、貴子は出立の車に取りついて同行を願ったが、許されることはなかった。

その後まもなく病に伏し、息子たちの身の上を念じながら死去。40代であったと推定されている。

藤原定子《ふじわらのていし》

〈貞元2年(977)〜長保2年(1000)〉

——出家後も一条天皇に愛された

道長の兄・道隆《みちたか》の長女。正暦《しょうりゃく》元年（990）に3歳年下の一条天皇に入内し、同年には中宮となる。正暦4年（993）頃から女房として清少納言が仕え、『枕草子』には、定子の性格や行動について詳しく記されている。

当初、道隆が許さなかったため、一条天皇に定子以外の入内はなされなかった。道隆が死去すると、ほかの女子も入内するが、とくに定子とは仲睦まじかったようだ。『栄花物語』には一条天皇の言葉として、「心ばへのおとなおとなしうあはれなる方は誰かまさらむ」（思慮分別があって情け深い点で、彼女に勝る人はいるのだろうか）と定子を評し、ふたりの関係を理想とする史料は多い。

しかし、兄の伊周《これちか》と弟の隆家らが長徳《ちょうとく》の変を起こすと、定子は落飾《らくしょく》する。ただ、このとき定子は妊娠中で、後に脩子《しゅうし》内親王を出産。その後、伊周らの罪が赦されたこともあり、一条天皇は脩子内親王との対面を望み、周囲の反対を押し退けて定子を宮中に迎え入れた。

清少納言が仕えた藤原定子

ただ定子の住まいは天皇の居所である清涼殿から遠く、「内裏《だいり》の外、大内裏の内」という場所に位置し、鬼がいたとも噂される建物だった。

そこで一条天皇は、内裏外ではあるものの、比較的近くに別殿を準備する。しかし天皇は、人目を避けるように夜遅く通い、夜明け前に帰り、定子を内裏のなかへ正式には入れなかった。それは、出家後の后の入内が、異例中の異例であることを表し、貴族たちのひんしゅくを買っていたからだ。

藤原実資《さねすけ》は日記の『小右記』に、定子を「出家らしからぬ出家」と皮肉る世間の言葉を書きとめ、文章博士《もんじょうはかせ》の大江匡衡《おおえのまさひら》は長保《ちょうほう》元年（999）に内裏が焼亡した後、定子が出家の身で後宮に入ったから内裏が焼けたのだとして痛烈に非難している。

その年、定子は敦康《あつやす》親王を出産。しかし翌年の暮れ、定子は第二皇女・媄子《びし》内親王を出産した直後にあの世へ旅立ってしまった。

臨終の際、定子は「夜もすがら　契《ちぎ》りし事を　忘れずは　こひむ涙の　色ぞゆかしき」の歌を残している。これは『後拾遺《ごしゅうい》和歌集』に哀傷巻頭歌として収められ、また小倉百人一首の原撰本『百人秀歌』にも採用されている。

藤原伊周《ふじわらのこれちか》

〈天延2年（974）～寛弘7年（1010）〉

道長と関白の座を争うも、失脚した

道長の兄・道隆《みちたか》の三男。寛和《かんな》元年（985）に12歳で元服すると従五位下《じゅごいげ》に叙され、翌年には一条天皇侍従と左兵衛佐《さひょうえのすけ》に任ぜられ、その後は武官を務めながら急速に昇進。正暦《しょうりゃく》元年（990）に道隆が摂政に就任し、妹の定子《ていし》が中宮に立つと同年中に右近衛中将・蔵人頭を経て翌年には参議に任ぜられる。公卿に列し、正暦3年（992）には正三位《しょうさんみ》権大納言に進み、その2年後には内大臣に昇進する。

道隆と道兼が没すると、伊周と道長のあいだに関白の座を巡る政争が繰り広げられるが、長徳《ちょうとく》の変で失脚。長徳3年（997）には大赦で京に戻るが、3年後に定子は他界。その際、伊周は定子の遺体を抱き、声も惜しまず慟哭《どうこく》したという。

定子の葬送の日、大雪のなかを従った伊周は「誰もみな　消えのこるべき　身な

らねど　ゆき隠れぬる　君ぞ悲しき」（だれもがいずれは、この世から消えてしまい残るべき身ではないけれど、この雪のなか亡くなってしまった宮のことが悲しく思われる）との歌を詠み、これは『続《しょく》古今和歌集』に収められている。

寛弘《かんこう》7年（1010）に死去。臨終の際、ふたりの娘へ「宮仕えをして、親に恥をかかせないように」と告げ、息子の道雅《みちまさ》には「人に追従して生きるよりは出家せよ」との言葉を遺している。

藤原隆家《ふじわらのたかいえ》――長徳の変で左遷されたが、気骨ある荒くれ者

〈天元2年（979）〜長久5年（1044）〉

道長の兄・道隆《みちたか》の四男。永祚《えいそ》元年（989）、11歳で元服して従五位下《じゅごいげ》に叙爵《じょしゃく》し、翌年には侍従に任官。その後は、右兵衛権佐《うひょうえごんのすけ》、左近衛少将《さこんえのしょうしょう》、右近衛中将と武官を歴任し、正暦《しょうりゃく》5年（994）には従三位《じゅさんみ》に叙せられて公卿に列した。

長徳《ちょうとく》の変で兄の伊周《これちか》とともに左遷されるが、長徳4年（998）に大赦を受けて帰京。外甥の敦康《あつやす》親王の立太子に期待をかけ、敦康親王が即位して隆家が政治を輔佐したなら天下はよく治まるだろう、という世間の声もあったという。

長和《ちょうわ》元年（1012）末頃より眼病を患い、邸宅に籠居《ろうきょ》するようになる。隆家は大宰府には眼の名医がいるという話を聞きつけ、進んで大宰権帥《だざいのごんのそち》への任官を希望。長和3年（1014）年になって望みはかなえられた。

決定までは9か月を要したのは、隆家と九州勢力との結合を抑止したい道長の強い妨害があったためだ。しかし、三条天皇も眼病に悩んでいて、同じ病を患う隆家への同情で許可。隆家は大宰府で善政を施し、九州の勢力は心服したという。

寛仁《かんにん》3年（1019）、対馬と壱岐《いき》を襲った大陸からの集団が博多を襲撃。隆家は総指揮官として応戦し撃退している（刀伊《とい》の入寇《にゅうこう》）。同年末、大宰権帥を辞して帰京。刀伊を撃退したことに対する功績により大臣もしくは大納言への登用を求める声もあったが、隆家は内裏への出仕を控えていたため立ち消えとなる。

その後、大蔵卿《おおくらきょう》や大宰権帥に任ぜられたが、長久《ちょうきゅう》5年（1044）に死去。「さがな者」（荒くれ者）として有名で、花山《かざん》法皇との賭け事や、姉・定子《ていし》に仕える清少納言とのジョークを交えたやり取りなど、『枕草子』『大鏡』『古今著聞集《ここんちょもんじゅう》』などに多彩な逸話が記されている。また、敦康《あつやす》親王の立太子を実現できなかった一条天皇を「人非人」と非難するなど、気骨のある人物として知られていた。その「こころたましひ」（気概）は道長も一目置く存在だったとする。賀茂神社参拝のついでに隆家を招いて同車させたりもしている。

道隆や伊周には批判的だった藤原実資《さねすけ》にもかわいがられ、『小右記』には隆家が実資に悩み事を打ち明ける内容や、実資が隆家の息子を気遣う記事も見られる。

藤原実資《ふじわらのさねすけ》

〈天徳元年（957）〜永承元年（1046）〉

――道長も一目置いた傑物

小野宮《おののみや》流当主、参議・斉敏《ただとし》の四男。藤原北家嫡流である小野宮流を継ぎ、実資の残した日記『小右記《しょうゆうき》』は、この時代を知る貴重な史料となっている。学問のみならず、蹴鞠《けまり》の達人としても知られ、長徳《ちょうとく》3年（997）には、賀茂祭の余興として自邸で鞠会を開き、後世には歌人の大江匡房《おおえのまさふさ》から、「当世の名人」と評されている。

安和《あんな》2年（969）に侍従に任じられ、右兵衛佐《うひょうえのすけ》、右兵衛少将、蔵人頭《くろうどのとう》、左中将を経て、永祚《えいそ》元年（989）に参議となり公卿に列する。

長保《ちょうほう》元年（999）、道長の娘の彰子《あきこ》が入内するとき、調度品であった屏風に公卿名士たちから募った和歌を書き込むという趣向があった。その際、花山《かざん》法皇も御製《ぎょせい》の歌を贈ったが、実資だけは「大臣の命を受けて屏風に歌をつくるなぞ、いまだに前聞なし」といって、献じるのを拒んだという。

寛弘《かんこう》8年（1011）に即位した三条天皇は道長と対立。多くは道長におもねって天皇は孤立するが、このときも実資は公平な立場に努める。また、三条天皇が娍子《せいし》を皇后に立てたとき道長は嫌がらせをし、諸公卿も同調したが、実資は「天に二日なし、土に両主なし」というや、病身を押して中納言・藤原隆家とともに立后の儀式を取り仕切った。三条天皇は実資の態度に感謝し、「（実資の）忠懇を嘉とする。これからは諸事、大将と議したい」と伝えたとされる。

刀伊《とい》の入寇《にゅうこう》の際、撃退した隆家に恩賞をあたえるべきだとする意見に、大納言・藤原公任《きんとう》と中納言・藤原行成《ゆきなり》は、「追討の勅符《ちょくふ》が到達する以前に戦ったので私闘である。そのため賞するには及ばない」と主張。しかし実資は、勅符が到達する以前に戦った点には問題があることを認めつつも抗弁を立てる。実資は右大臣に任ぜられるか否かという時期ではあったが、ものごとの道理で説き伏せたのである。

実資の妻は花山院の女御・婉子《えんし》女王。大恋愛の末に結婚したとされる。しかし、晩年に認知症が進行してからは手当たり次第に女性に手を出し、道長の長男・頼通《よりみち》を嘆かせてもいる。

永承《えいしょう》元年（１０４６）に90歳で薨去《こうきょ》。臨終の際には、実資の屋敷に多くの人々が参集し、慟哭《どうこく》したという。

儀礼については厳しく、儀礼に失敗したものを「愚のまた愚なり」と厳しく批判。道長に対しては強い批判を書き残しているものの、能力や人物については高く評価しており、道長も実資に一目を置いていた。

ただ、気難しい性格であった実資ではあるが女性好きで、邸宅の近くの井戸に水を汲みにくる下女のなかで気に入ったタイプがいると、誰もいない部屋に引っ張り込んでいた。また、実資と頼通《よりみち》の弟・教通《のりみち》が、遊女をめぐって鞘当《さやあ》てをした話も伝わっている。

藤原公任《ふじわらのきんとう》——名門の出で道長のライバルでもあった

〈康保3年（966）～長久2年（1041）〉

小野宮《おののみや》流藤原頼忠《よりただ》の長男、実資《さねすけ》の従弟。祖父、父ともに関白・太政大臣《だじょう》を務め、母と妻は女王。政治的にも芸術的にも名門の出であり、将来が期待されていた。しかし、藤原兼家《かねいえ》の摂政就任で政治の実権は九条流に移る。同い年の藤原道長が従五《じゅご》位下《いげ》から従三位《じゅさんみ》まで昇進したときに、従四位上《じゅしいじょう》だった公任は瞬く間に位階を追い越されてしまっている。

永延《えいえん》3年（989）には蔵人頭《くろうどのとう》に任ぜられるが、そのまま留め置かれ、ようやく参議となって公卿に列されたのは正暦《しょうりゃく》3年（992）こと。このような昇進状況に公任は相当の不満が溜まっていたらしく、関白・道隆《みちたか》をはじめとする公卿のほぼ全員が供奉《ぐぶ》した一条天皇の行幸に不参する事件を起こし、一時参内を止められている。

このように公任は道隆に対して不満を持つ一方、道隆の弟・道兼《みちかね》とは親密であり、正暦5年（994）には道兼の養女と結婚している。

長徳《ちょうとく》5年（999）頃より、公任は道長に接近。長保《ちょうほう》3年（1001）には中納言に任ぜられ正三位に叙せられている。だが、長保6年（1004）、公私ともに密接な交流があり、友人だった藤原斉信《ただのぶ》が従二位に叙せられ、公任を越してしまう。これはかなりショックだったようで、公任は出仕をやめて中納言左衛門督《さえもんのかみ》の辞表を道長に提出した。

7か月の不参を経て、翌年に従二位に叙せられ参内を再開。長女を道長の五男・

教通《のりみち》に嫁がせた公任は、この結婚がよほど自慢だったようで、婚儀のことを長々としゃべって藤原実資《さねすけ》を閉口させた。

しかし、その後の公任は出世を果たせず、しかも次女と長女を次々と亡くして精神的ダメージが大きくなる。この頃より出仕もしなくなり、官職も辞任。万寿《まんじゅ》3年（1026）には出家。そんな公任のもとを旧友の斉信が訪ね、公任と同じく若くして失っている娘のことを話し続ける。

公任が自らの経験を語って慰めると、斉信はなかなか立ち去ることはなく、ふたりして泣き続けたという。

長久2年（1041）他界、享年76。道長は公任に対して対抗意識を燃やしたともいわれているが、寛和2年（986）の内裏歌合で若手貴族の代表として道長・斉信とともに選ばれるなど、青年時代からともに行動することが多かったようだ。

清少納言《せいしょうなごん》 ――『枕草子』の作者には豪放な逸話の数々が…

〈康保3年（966）頃〜万寿2年（1025）頃〉

紫式部と並び称される王朝文学の女流作家。日本初とも世界初ともいわれる随筆

『枕草子』を執筆したことで有名で、本名は「清原諾子《きよはらのなぎこ》」であったという説が有力だ。

天延《てんえん》2年（974）、父の周防守《すおう》赴任に際して同行し、4年間を過ごす。ただ、周防国の地は少納言に合わなかったようで、宮廷への憧れを募らせていった。帰京後、15歳前後で陸奥守《むつ》の藤原則光《のりみつ》と結婚。ところが武骨な則光とは合わなかったようで、一子をもうけたものの10年程で離婚する。ただ、則光とは離婚後も交流があり、宮中でも公認だったらしい。

正暦4年（993）、27歳頃に中宮・定子《ていし》の女房として出仕。ここで宮廷出仕の呼び名「清少納言」が与えられたという。

気の強い性格ながら知識が豊富で、男性貴族たちとのやり取りも堂々たるもの。すぐに宮中で一目置かれる存在となり、『枕草子』の前半は、その輝かしい宮廷生活が誇らしげに描かれている。そもそも執筆の動機は、定子の評価を上げるための活動として始まった、という説もある。

ただ、すべてが雅《みやび》やかであるような少納言の書きようを、疎《うと》ましく思う者もいたようだ。鎌倉時代初期の文芸評論書『無名草子《むみょうぞうし》』は清少納言、紫式部、和泉式部などの評が記されているが、少納言に関してはかなり辛辣《しんらつ》で、「中宮の全盛期のことばかり身の毛も立つほどひけらかしながら書いていて、その後家勢が衰えたことは一言も書いていない」と指摘している。

長徳《ちょうとく》の変で定子が落飾《らくしょく》すると、少納言も宮廷を離れる。その後、定子は一条天皇から呼び戻されるものの、長保《ちょうほう》2年（1000）に死去。少納言は宮廷への出仕から完全に退いた。

『枕草子』は寛弘《かんこう》5年（1008）まで書き続けられたが、晩年については一切記されていない。ただ、他の書物に記述された伝説めいたものが残っており、そのほとんどが「老いて鬼のように醜《みにく》くなり、ひとり地方を漂流し寂しく死んだ」という内容である。

鎌倉時代に書かれた『古事談《こじだん》』では、清少納言のことを「鬼形之法師」と形容している。醜く変貌した清少納言をわざわざ見物にいく公家までいたが、彼女は「名馬の駿馬なら骨でも買い手がある」と堂々と応対したという。知性と気骨溢《あふ》れる性格は一生変わらなかったようだ。また、兄である清原致信《むねのぶ》が源頼親《よりちか》に討たれた際には、巻き添えを避けるため陰部を出して女性であることを証明したというエピソードまで残されている。

59歳まで生き、死因や状況は不明だが、摂津守《せっつ》藤原棟世《むねよ》と再婚して摂津国で余生を過ごしたという説が有力である。

和泉式部《いずみしきぶ》 道長に「浮かれ女」と評された文人

〈天元元年(978)～没年不詳〉

中古三十六歌仙、女房三十六歌仙のひとりで平安時代中期随一とされる女流歌人。越前守・大江雅致《おおえのまさむね》の娘として生まれ、長保《ちょうほう》元年（999）頃までに和泉守・橘《たちばなの》道貞《みちさだ》と結婚。後の女房名「和泉式部」は、夫の任国である和泉国と、父親が式部丞だったからであるとする説がある。

長徳《ちょうとく》3年（997）から長保元年（999）の間に、娘の小式部内侍《こしきぶのないし》が誕生するも道貞との婚姻は破綻《はたん》。その後、冷泉《れいぜい》天皇の第三皇子・為尊《ためたか》親王との熱愛が世間に広まるも、身分違いの恋であるとして親から勘当を受けている。

為尊親王の死後、今度はその弟・敦道《あつみち》親王の求愛を受けた。親王は和泉式部を邸に迎えようとし、それに憤った正妃が家出。また源《みなもとのまさのぶ》雅信の養子・雅通《まさみち》とも恋愛関係にあったと見られ、『和泉式部日記』では源《みなもとのたかあきら》高明の息子・俊賢《としかた》とみられる「治部

江戸期に描かれた和泉式部

卿」の存在も噂されている。

寛弘《かんこう》年間の末（1008〜1011年頃）、一条天皇の中宮・彰子《あきこ》に女房として出仕。長和《ちょうわ》2年（1013）頃、藤原道長の家司である藤原保昌《やすまさ》と再婚し、夫の任国である丹後《たんご》国に下っている。

万寿《まんじゅ》2年（1025）、和泉式部は小式部内侍を失う。和泉式部は娘の菩提《ぼだい》を弔《とむら》いつつ自らの往生も考えるようになり、播磨《はりま》国書写山圓教寺《しょしやざんえんぎょうじ》の性空上人《しょうくうしょうにん》を訪ねる。そこで女人往生のすべを乞うたという。京に戻った和泉式部は、性空上人の教えをもとに誓願寺《せいがんじ》に入ると、本尊の阿弥陀如来《あみだにょらい》に帰依《きえ》して出家し、専意法尼という戒名を授かったとされ、その後の生涯については伝承の域を出ない。

このように、恋多き女性だった和泉式部は、和歌にもその性格の特徴を見ることができる。当時の和歌は、「恋し」「恋す」などの恋愛感情や行為の主体は男性であると決まっていた。しかし和泉式部は恋愛における主体的な言葉を多く用いている。

恋愛だけでなく、『紫式部日記』にも「口に任せたることどもに、必ずをかしきひとふしの、目にとまる詠み添へ侍《はべ》り」（口にまかせて詠んだものなどに、必ず趣深い一節で、目にとまるものが詠み添《そ》えてある）とあるように、「天才肌の歌人」だったようだ。その一方で先行詩歌を学び、漢詩文の教養もあった。

このように才媛《さいえん》の印象が強い和泉式部だが、恋愛遍歴が多いため道長から「浮かれ女」とけなされてもいる。同僚女房であった紫式部には「恋文や和歌には素晴らしいものがあるけれど、素行には感心できない」と批評している。

赤染衛門《あかぞめえもん》 ――紫式部や清少納言らとも親交があった歌人

〈天暦10年（956）頃～長久2年（1041）以後〉

和泉式部と並び称される女流歌人。中古三十六歌仙、女房三十六歌仙のひとりで、大隅《おおすみ》守赤染時用《ときもち》の娘とされる。しかし、平安時代後期の歌論書《かろんしょ》『袋草紙《ふくろぞうし》』には、赤染衛門の母は平兼盛《たいらのかねもり》の子どもを宿した状態で時用と再婚し、その後に赤染衛門を出産したとする記述があり、兼盛は娘の親権を巡って裁判を起こしたとも伝わる。

貞元《じょうげん》年間（976～978）、赤染衛門は文章博士の大江匡衡《おおえのまさひら》と結婚。おしどり夫婦として知られるほどに仲はよかった。その後、源雅信《まさのぶ》邸に出仕して倫子《りんし》とその娘の彰子《あきこ》に仕え、紫式部や和泉式部、清少納言らとも親交があった。

匡衡の尾張赴任の際はともに下向し、夫をサポート。子の挙周《たかちか》が和泉守に任官できるよう尽力し、任期を終えた挙周が病気になったときは住吉明神に和歌を奉納して回復を祈願するなど、母親としても力を惜しまない女性だった。

ただ、長元《ちょうげん》8年（1035）の関白左大臣頼通歌合《うたあわせ》出詠、長久《ちょうきゅう》2年（1041）の弘徽殿《こきでん》女御生子《せいし》歌合出詠、同年の曽孫の誕生を言祝《ことほ》ぐ和歌を詠んだ後、歴史の舞台から姿を消す。晩年に藤原頼通の求めに応じて、自撰歌集を献上したことが知られているが、詳しい消息は不明だ。

妻として、母親として家族を支え、歌人としての誉《ほま》れが高かった赤染衛門。歌人である源俊頼《としより》は、歌論書『俊頼髄脳《ずいのう》』で和泉式部を高く評価しているが、鎌倉時代の鴨長明《かものちょうめい》は『無名抄《むみょうしょう》』で、赤染衛門のほうを評価している。

5章

摂関政治はなぜ衰退し終焉を迎えたのか

◉武士の世に移った後の摂関家

摂関政治を極めた道長の最期——病魔の苦しみと寺院建立

「この世をば　我が世とぞ思う　望月《もちづき》の　欠けたることも　なしと思へば」

この歌は、藤原道長の権勢が頂点に達していた比喩として有名だ。詠われたのは寛仁《かんにん》2年（1018）年の秋だった。

その年の正月、後一条天皇は元服《げんぷく》。3月に道長は、三女の威子《いし》を入内《じゅだい》させる。そのとき、後一条天皇は11歳、威子は20歳。歳の離れた結婚に、威子が恥ずかしがったともいわれている。

威子は4月に女御《にょうご》の宣旨《せんじ》を受け、10月に中宮にのぼる。立后の儀式が内裏《だいり》でおこなわれたあと、道長の邸宅である土御門殿《つちみかどどの》で本宮の儀の隠座《おんざ》（二次会）が設けられ、夕方から盛大に宴会が始まる。その席で酔った道長が、藤原実資《さねすけ》に披露したのが冒頭の歌だった。

威子が中宮（皇后）になることで、皇太后の妍子《けんし》、太皇太后の彰子《あきこ》と三后すべてが道長の娘となる。そのうえ息子の頼通《よりみち》は、この翌年に関白となる。道長にとっては歌のとおり、「この世が我が世」という状況だった。なお、頼通の養女となった道長の六女・嬉子《きし》も、寛仁5年（1021）に敦良《あつなが》親王（後の後朱雀《ごすざく》天皇）へ入内している。

しかし、いかに権勢をほしいままにしても、抗《あらが》えないものがある。病気と老化である。

威子が中宮となった翌年、道長は胸と目が病に侵される。胸は心臓疾患と考えられ、発作が起きると苦しみで奇声を上げるほどだったという。

目の病は、面談した実資の顔を見て、「汝《なんじ》の顔ことに見えず」というほど視力が衰え、実資が夜と昼の差をたずねると、「同じ」と答えたという。そのほかにも糖尿病、腰痛、喘息《ぜんそく》とみられる症状も伝えられている。

この頃、道長は54歳。現在の感覚でいえば、まだまだ働き盛りではあるが、当時はすでに老齢の域に達しており、また豪奢《ごうしゃ》な生活も病状を悪化させた原因かもしれない。

寛仁3年（1019）3月、道長は出家し、法名を行観（後に行覚）とする。**出家後の道長は、土御門殿と京極大路《きょうごくのおおじ》をはさんだ東に寺院の建立を発願《ほつがん》。**翌年に無量《むりょう》

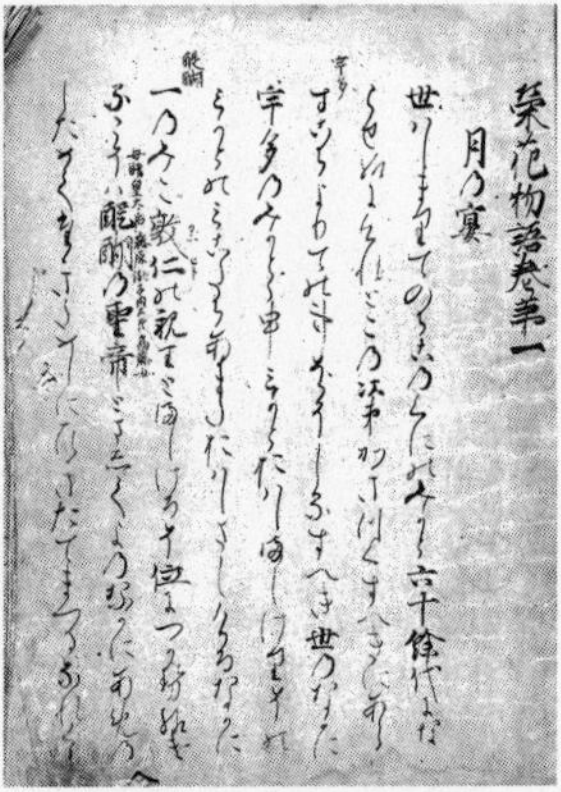

『栄花物語』の写本（鎌倉時代）

寺院《じゆいん》が建立される。

その2年後には金堂や講堂といった伽藍《がらん》が整えられ、名も法成寺《ほうじようじ》と改められた。法成寺の造作には、1000人以上の人員が集められ、仏像を制作した仏師も100人にのぼったという。

法成寺は、病から逃れられないことを悟った道長が、極楽往生のために造営したものだ。しかし、諸国の受領《ずりよう》が争って造営に奉仕したにもかかわらず、道長はさらに公卿や僧侶、民衆に役負担を命じている。寺院の建立で道長は、まだ自らの権威を知らしめようとしたのだ。

道長は法成寺で暮らすこととなったが、病は重くなる一方だった。寺の阿弥陀堂《あみだどう》で不動明王《ふどうみようおう》と阿弥陀如来《によらい》の絵像を供養したり、100体の釈迦如来像を安置したり、7日間の読経をおこなうなど、可能な限り平癒のために尽くしても効果はない。

その間、敦明《あつあきら》親王（小一条院《こいちじよういん》）の女御となっていた四女・寛子《かんし》、敦良親王の妃だった六女・嬉子、出家していた六男・顕信《あきのぶ》、皇太后の次女・妍子を喪《うしな》う。道長は心身ともに、大きなダメージを被った。

万寿《まんじゆ》4年（1027）12月4日、道長は数日前からできた腫れ物で苦しみつつこの世を去る。享年62。

法成寺の東の五大堂から東橋を渡って中島、さらに西橋を渡り、道長は西の九体《くたい》阿弥陀堂に入る。阿弥陀堂内では西側のみを開けて三方を屏風でめぐらせ、北を枕に横臥《おうが》する。そして西向きに九体の阿弥陀如来を拝し、その手と自分の手とを五色の糸でつなぎ、ひたすら念仏を唱える。僧侶たちの読経が響くなか、西方浄土《さいほうじようど》を願いながら往生した。

これが『栄花物語』に記された、道長最期の様子である。

藤原頼通《よりみち》の長期政権――戦乱の世を、半世紀にわたり治める

道長のあとを受けて摂政となった藤原頼通だが、父のように権謀術数《けんぼうじゆつすう》に長《た》けていたわけでもなく、どちらかというと凡庸《ぼんよう》な人物とされている。

だが、恵み深いおだやかな性格で、何かと道長に対して反発していた藤原実資も頼通のことは評価。頼通も実資を政治の師として敬意を払い、指南を受けていたという。

道長が存命中、頼通は父の指示を仰いで政治をおこない、さらに姉の彰子も何かと口をはさんでいた。彰子は後一条天皇の母親であり、まだ幼い天皇に代わって皇室の実権を掌握していた。すなわち、頼通は父のみならず姉からも指示を受け、この三者の協議において国政は主導されていたのである。

だが道長が亡くなると、さすがの頼通も権力欲を見せるようになる。ただし、彰子は変わらず国政に関与し続ける。そんな彰子を実資は批判しつつ、頼通には好意的で、儀式の次第や政治的な決定を諮問《しもん》してくる頼通に応えていた。

そんななか、長元《ちょうげん》9年（1036）に後一条天皇が崩御。まだ29歳の若さだった。中宮の威子が天皇とのあいだにもうけたのはふたりの内親王のみ。皇位を継いだのは、弟の後朱雀《ごすざく》天皇だ。

頼通は引き続き関白の職に就く。系譜でいえば頼通は外叔父にあたり権力は集中する。だが、道長のような祖父ではなく叔父では立場が弱い。

後朱雀天皇には皇太子時代に親仁《ちかひと》親王（後の後冷泉《ごれいぜい》天皇）、尊仁《たかひと》親王（後の後三条天皇）を授かっていたが、親仁親王の母である嬉子は道長の六女（出産2日後に死去）、尊仁親王の母は三条天皇の娘であり道長の外孫にあたる禎子《ていし》内親王。親仁親王は頼通の甥、尊仁親王は姪の子どもとなる。このふたりのどちらかが天皇になれば、頼通の影響力は薄れる。さらに、頼通以外の貴族の娘が後朱雀天皇の皇子を産むと、立場はますます危うくなる。

しかし、頼通は子どもに恵まれなかった。頼通の正妻は隆姫《たかひめ》といい、父は村上天皇の皇子、具平《ともひら》親王。つまり、隆姫は女王だった。頼通は高家の出身である隆姫をことのほか愛し、ふたりの仲は睦まじかった。

だが、隆姫は子どもをもうけることができない。頼通の後継者も大切だが、天皇に嫁がせる娘も必要になるのだ。

そこで頼通は、一条天皇の第一皇子・敦康《あつやす》親王の娘の嫄子《げんし》を養女として後朱雀天皇に入内させる。しかし嫄子は皇女を産んだだけで他界。寛徳《かんとく》2年（1045）、後朱雀天皇は病に倒れ、尊仁親王を皇太子にする旨を遺して崩御した。

尊仁親王は道長の曽孫ではあるが、藤原氏とは外戚関係を持たない。あせった頼

頼通の治世に勃発した後三年の役

通は、藤原祇子《ぎし》という女性のあいだにようやく生まれた寛子《かんし》（道長の娘とは別）という娘を入内させるも、やはり皇子は授からなかった。

それでも**頼通は、後朱雀天皇の次代、後冷泉天皇の関白となる。21歳の後冷泉天皇は万事を頼通任せにし、相変わらず彰子も関与し続ける。**頼通は治暦《じりゃく》3年（１０６７）に関白を辞するまで51年にもわたり、政権を維持したのだ。

ただ、頼通が摂関を務め続けていたあいだ、国内は平穏ではなかった。長元《ちょうげん》元年（１０２８）、平将門《まさかど》の叔父・良文《よしふみ》の子孫に当たる忠常《ただつね》が乱を起こす（**平忠常の乱**）。平定には3年も要し、鎮圧したのが源頼信《よりのぶ》。ちなみに頼信は河内源氏の祖であり、この6代目の子孫が、平家を倒して鎌倉幕府を開いた頼朝《よりとも》である。

永承《えいしょう》6年（１０５１）には陸奥国で支配権を拡大していた安倍氏による内乱、**前九《ぜんく》年《ねん》の役《えき》**が勃発。追討に当たったのが源頼義《よりよし》・義家《よしいえ》親子で、頼義は頼信の嫡男。この戦いで頼義に加勢した清原氏が一門のなかで内紛を起こし、義家と組んだ清原清衡《きよひら》が勝利を収めたのが永保《えいほう》3年（1083）の**後三年の役**だ。戦いのあと清衡は姓を藤原とし、奥州藤原氏の始祖となった。

さらに11世紀の中頃には、釈迦の教えが衰えて世の中が乱れていくという末法思想が広まっていく。頼通は、道長から譲られた宇治の別荘を寺院に改めて極楽往生を祈願。それが平等院の鳳凰堂《ほうおうどう》である。

後三条天皇の即位と親政——藤原氏全盛時代の終わりの始まり

頼通は結局、天皇家に外孫を持つことなく関白を退く。藤氏長者《とうしのちょうじゃ》（藤原氏の筆頭）を継ぎ、関白となったのは頼通の弟である教通《のりみち》である。

生前の道長は、頼通の次に教通を関白に据えるつもりだった。しかし、道長が死去すると、頼通と教通の確執は深まる。

頼通は弟ではなく、自身の子どもに摂関職を譲るつもりだったのだ。そのため、頼通は教通の出世を抑えつけ、寛仁5年（1021）に内大臣となった教通だが、そのままの地位で26年間も留め置かれている。

教通も黙って指をくわえていたわけではなく、頼通より先に外戚になることを企てる。長暦《ちょうりゃく》3年（1039）、後朱雀天皇に長女の生子《せいし》を入内させ、永承《えいしょう》2年（1047）には三女・歓子《かんし》を後冷泉天皇のもとに入れている。

しかし生子は皇子女を産むことがなく、歓子の出産した皇子は即日に死亡。その後、懐妊することはなかった。

頼通は長く男子にも恵まれなかったが、万寿2年（1025）に通房《みちふさ》が生まれ、長久3年（1042）には師実《もろざね》が誕生する。通房は20歳で亡くなったので、頼通は師実の後嗣《こうし》を望む。

実は頼通は、後冷泉天皇が即位したときも関白退任の意思を示している。後継者に指名しようとしたのは師実である。しかし、「父の遺命に背く」として彰子が猛反対。仕方なく頼通が関白を続けたというエピソードがある。

頼通が関白を辞した翌年、教通が関白就任。将来は師実へ関白を譲るとの確約を取っての譲渡だ。ところが間もなくして後冷泉天皇が崩御。即位したのが後三条天皇である。

後三条天皇は、１７０年ぶりに摂関家と外戚関係にない天皇だった。関白は教通であったが、すでに73歳の老齢だ。後三条天皇は皇太子時代に支えてくれた藤原能《よし》長《なが》、大江匡房《まさふさ》、藤原実政《さねまさ》、源師房《もろふさ》、源経長《つねなが》らを登用し、親政による新しい改革を目指す。とくに延久《えんきゅう》元年（１０６９）に出された**荘園整理令は、緻密で公正。基準から外れた摂関家領も没収されている。**これにより、**摂関家の経済基盤は大きな打撃を受けた。**

「外戚関係のない摂関家など、なんとも思わぬ」

後三条天皇は、このような言葉を述べたともいわれている。

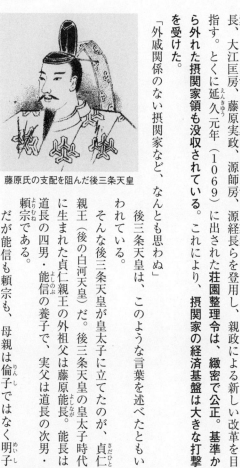

そんな後三条天皇が皇太子に立てたのが、貞仁《さだひと》親王（後の白河天皇）だ。後三条天皇の皇太子時代に生まれた貞仁親王の外祖父は藤原能長《よしなが》。能長は道長の四男・能信《よしのぶ》の養子で、実父は道長の次男・頼宗《よりむね》である。

藤原氏の支配を阻んだ後三条天皇

だが能信も頼宗も、母親は倫子《りんし》ではなく明子《めいし》だ。そのため、頼通や教通ほども厚遇はされていなかった。このこともあってか、能長は摂関家に反発を抱いていた。

とはいえ、貞仁親王は少なからず藤原氏との縁を持つ。そして後三条天皇の即位後に実仁《さねひと》親王が誕生。母親は源基平《もとひら》の娘・基子《きし》である。**後三条天皇は、藤原氏と縁のない実仁親王の立太子を望んだ。**

そこで後三条天皇は、延久４年（１０７２）に譲位。白河天皇を即位させ、実仁親王を皇太子とする。

また譲位の直前には、基子とのあいだに輔仁《すけひと》親王をもうけている。

だが延久５年（１０７３）、後三条天皇は病に侵されて崩御。その際、実仁親王が即位したあかつきに輔仁親王を皇太子にするよう、白河天皇に遺言を残している。

この頃、高齢の教通は、師実ではなく自身の子である信長《のぶなが》を後継者として目していた。ただ、まだ存命中の頼通が許すわけがない。摂関職をめぐっての確執は、この時点でも収まってはいなかったのだ。

そんななか、頼通は延久６年（１０７４）に死去。教通も翌年に他界してしまう。教通の望みはかなわず、関白となったのは師実だが、頼通と教通から始まる家内の対立と後三条天皇がおこなった藤原氏の排斥により、摂関家の土台はますます揺らいでいくのだった。

摂関家を弱体化させた白河上皇——天皇より権勢を誇った院政のカラクリ

白河天皇の関白は、当初は教通で、教通亡き後は師実が就任する。教通の子・信《のぶ》長《なが》も関白職に執着し、親同士と同じような確執が生まれる。しかし、教通が信長を太政大臣とすることにより、関白継承の争いは決着がついた。

白河天皇は父の遺命を守り、実仁親王を皇太子、輔仁親王を皇太弟と認めていたものの、本心は異なる。なぜなら、白河天皇には善仁《たるひと》親王という皇子が誕生していたからだ。

天皇としては、異母弟よりも自身の直系に継承させたい。そんな折、応徳《おうとく》2年（1085）に実仁親王が薨去《こうきょ》する。まだ15歳である。すると白河天皇はまだ8歳の善仁親王を皇太子とし、そのまま譲位してしまう。これが堀河天皇である。

堀河天皇の摂政には師実が就いた。同時に白河天皇は上皇となり、幼帝の後ろ盾となる。白河上皇は堀河天皇の即位に際しても皇太子を立てない。輔仁親王ではなく、将来に誕生するであろう堀河天皇の皇子に皇位を継がせるためだ。ここにも、白河上皇のこだわりがうかがえる。

天皇のときから白河上皇と師実の関係は良好だった。堀河天皇の立太子や即位に関しても、師実が協調したといわれている。上皇も師実に一目置き、その意向には配慮していた。

さらに堀河天皇の母親である中宮・賢子《けんし》は、師実の養女である。すなわち、道長以来の外戚関係を復活させていたのだ。

だが、堀河天皇が16歳で成人し、関白が師実から師通《もろみち》に代わると状況は変わる。気性は荒いが学問を好み、美男子で性格もまっすぐだったとされる師通は、優秀な官吏を登用し、政治運営も良好だった。ただ、白河上皇が何かと口出しをし、貴族も天皇ではなく上皇に拝謁《はいえつ》を求める。師通は、それをよしとしない。

「貴族は今上天皇に仕えるのが当たり前なのに、譲位した天皇の門前に車が多く止まるというのはいかがなものか」と、上皇のもとに参上する貴族を批判している。

しかし承徳《じょうとく》3年（1099）、師通は38歳で急死。康和《こうわ》3年（1101）には師実も没する。後継者の忠実《ただざね》は22歳と若く、政治的にも未熟だ。堀河天皇も白河上皇に相談を持ち掛ける。そこで白河上皇は、自分自身が政権の中枢に納まることを決める。院政の始まりである。

天皇と違って、上皇は思うがまま実権を振るえる。また、上皇の意思を示す院宣《いんぜん》や院庁下文《いんちょうくだしぶみ》も、天皇の認めた詔勅や太政官符と同様の効果がある。さらに意外なことだが、上皇は天皇よりも経済的に恵まれてもいた。

当時の貴族の経済基盤を支えていたのは荘園だ。地方の豪族や有力農家は立場を強化するために、こぞって上級貴族や有力社寺に荘園を寄進している。だが、有名無実化されていたとはいえ律令制のもとでは、全国の土地と人民は天皇のもの。この公地公民制で、天皇は私有地を持てなかった。

しかし**上皇は天皇ではないので、荘園の寄進を受けることができる。集まった財産は、権力強化にもいかされた**のである。

白河上皇は法や慣例にこだわることなく、また天皇

摂政・関白の権力を無実化した白河上皇

の後ろ盾という地位も利用して専制政治をおこなうことになる。やがて**白河上皇は「治天《ちてん》の君《きみ》」と呼ばれ、天皇や摂関家の地位はますます弱まるばかりとなった。**

院政自体は堀河天皇が即位したと同時に始まったとする説もあるが、関白・師実が白河上皇とともに政務を運営していたし、師実は権威を喪失していなかったので当てはまらないとする考え方がある。師通が苦言を呈したように、徐々に白河上皇が実権を掌握したというのが事実だろう。

いずれにせよ、上皇という天皇や摂関をしのぐ実力者が誕生した。藤原氏は、変わらずに摂政職と関白職を受け継ぐが、それは形だけのものになってしまったのだった。

摂関家の分裂と保元の乱——天皇と上皇の対立から争乱に発展

白河上皇が院政を開始して間もなくの嘉承《かしょう》2年(1107)、堀河天皇が崩御する。即位したのは5歳の鳥羽《とば》天皇である。摂政に就任したのは藤原忠実だった。

しかし、忠実が政治能力に乏しかったのは相変わらずで、関白在任中の保安《ほうあん》元年

(1120)には、白河上皇の怒りを買って政務から追放されるという事態にも陥っている。その翌年、関白に就任したのが、忠実の次男である忠通《ただみち》である。

白河上皇は堀河天皇、鳥羽天皇、崇徳《すとく》天皇の3代にわたる期間に院政をおこない、その間、摂政関白として忠通は天皇を補佐し続けた。大治《だいじ》4年(1129)、白河上皇は崩御。次に治天の君となったのは鳥羽上皇だった。

鳥羽上皇が天皇だった頃、白河上皇の養女である藤原璋子《しょうし》が入内。鳥羽天皇と璋子のあいだに生まれたのが顕仁《あきひと》親王(後の崇徳天皇)と雅仁《まさひと》親王(後の後白河天皇)である。

しかし、鳥羽天皇が上皇になったとき、政界に復帰した忠実が娘の勲子《くんし》(後に泰《たい》子《し》と改名)を入内させ皇后とする。勲子が入内することで、逼塞《ひっそく》状態だった摂関家は徐々にかつての勢いを取り戻しつつあった。

さらに鳥羽上皇は、後に皇后となる藤原得子《とくし》を寵愛。生まれたのが体仁《なりひと》親王だ。鳥羽上皇は、体仁親王が生まれて間もなく崇徳天皇に譲位を迫る。そして、わずか3歳の体仁親王が即位。近衛《このえ》天皇である。

納得できないのは崇徳天皇だ。このとき崇徳帝はまだ22歳。それにしても、白河

保元の乱を起こした崇徳上皇

上皇、鳥羽上皇の力が強く、天皇であっても政治的に無力で不遇の時代を過ごしてきた。そのうえ鳥羽上皇が健在なので、自身が上皇になっても院政はおこなえない。

しかも久寿《きゅうじゅ》2年（1155）、近衛天皇が17歳で崩御すると鳥羽上皇の決定で崇徳上皇の弟である後白河天皇が即位。息子である重仁《しげひと》親王の即位を望んでいた崇徳上皇は、父と弟に恨みを抱くようになり反目する。

近衛天皇が即位しても、摂関職にあったのは忠通だった。ただ忠通は長く子どもに恵まれず、跡継ぎとして弟の頼長《よりなが》を養子に迎える。しかし忠通が40を過ぎた頃、次々と男子が生まれ、頼長との縁組を破棄。自分の子孫に跡を継がせようとした。これに怒りを覚えたのが頼長と、実父である忠実だ。

頼長は近衛天皇が元服したとき養女の多子《まさるこ》を入内させ、忠通も同じく養女の呈子《ていし》を内裏に入れる。呈子は近衛天皇の母親である藤原得子《とくし》の養女であり、その立場を

天皇と院政を敷いた上皇

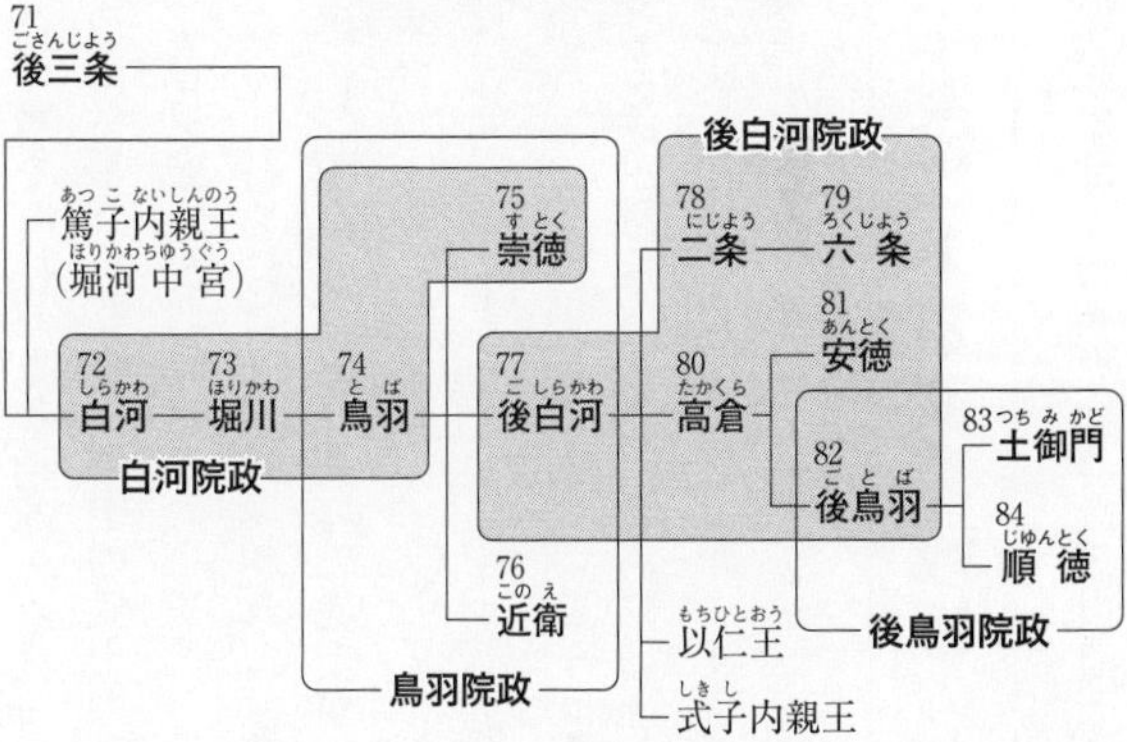

数字は皇統記による天皇の即位順

利用して忠通は自らの地位を確実なものにしようと画策したものと考えられる。

この対立に鳥羽上皇は多子を皇后、呈子を中宮にして事を収めようとするが、**忠実・頼長と忠通の関係は悪化するばかり。ここに天皇家だけでなく摂関家も分裂。忠通は後白河天皇を推し、忠実・頼長は崇徳上皇に近づく。**

そして鳥羽上皇が崩御すると、奇妙な風聞が流れる。それは「上皇左府同心して軍を発し、国家を傾け奉らんと欲す」というものだった。上皇は崇徳上皇のことで、左府は左大臣・頼長を指す。つまり、崇徳上皇と頼長が組んで兵を起こし、国家転覆《てんぷく》を狙っているという噂だ。

この噂を耳にした後白河天皇は対抗のため、治安をつかさどる武士たち（検非違使《けびいし》）を召集し、さらに都中の武士の動きを停止。頼長に対しては、謀反の罪で邸宅および財産を没収する。

この仕打ちに対し、藤原頼長と「同心」とされた崇徳上皇は白河北殿を拠点とし、平忠正《ただまさ》、源為義《ためよし》、源為朝《ためとも》らの武士が集結。後白河側も平清盛《きよもり》、源義朝《よしとも》、源頼政《よりまさ》らを集めた。

保元元年（１１５６）、鳥羽法皇が崩御して８日しか経っていない日に鴨川を挟み、天皇陣営と上皇陣営が対峙《たいじ》。保元の乱の始まりである。この戦いで頼長は首に矢が刺さる深手を負い死去。戦いには加わらなかったものの、上皇側の中心人物であった忠実は出家の後、応保《おうほう》２年（１１６２）に85歳で生涯を閉じる。崇徳上皇は讃岐国（現香川県）へ流され、長寛《ちょうかん》２年（１１６４）に崩御している。

平家による武家政権の萌芽《ほうが》――失脚した忠通は復権へ

保元の乱で勝利を納めた後白河天皇は保元３年（１１５８）、二条天皇に譲位して上皇となる。後白河上皇も院政を始めたが、それを支えたのが天皇時代からの近臣である信西《しんぜい》（俗名藤原通憲《みちのり》）だ。

信西は藤原南家の家系で官位は低く、長く不遇の時代を過ごしていた。しかし、後白河上皇の乳母である藤原朝子《ちょうし》が2番目の妻であったことから重用されたのだ。

そんな信西が頼みとしたのが平家だ。平家一門は院直属の警護軍である「北面の武士」のなかでも最大の兵力を保持。保元の乱でも大きな戦功を上げ、なかでも信西が厚遇したのが平家の棟梁《とうりょう》・平清盛である。

清盛との連携もあり、信西は存分に政治手腕を発揮。着々と政治改革を進めていく。ただ、後白河上皇と信西がおこなう改革を快く思わないグループも存在した。この反「上皇・信西」グループが望んだのは二条天皇による天皇親政であり、藤原経宗《つねむね》や藤原惟方《これかた》といった貴族や太政大臣・藤原伊通《これみち》も、天皇派を後押しするようになる。

後白河上皇は、勢力を強める二条天皇親政派に危機感を抱いた。そこで、院政派強化のために抜擢したのが藤原信頼《のぶより》だ。摂関家の血筋ではない信頼だが、後白河上皇の寵愛《ちょうあい》もあって信西と並ぶ実力者となる。

後白河上皇の庇護もあり、信頼の権勢は絶大となる。二条天皇の関白は忠通だったが保元3年（1158）、賀茂祭の際に信頼との対立を起こした忠通は後白河上皇から叱責を受け、閉門に処せられて失脚。関白職を嫡男・基実《もとざね》に譲っている。

その頃信西は、強引と見える政治主導をおこなっていた。これに信頼は反発。次第にふたりは険悪となる。信西を疎ましく思っているのは信頼だけではなく、二条天皇親政派もその強引さや一族を政治の要職に就けて重用する信西に反感を抱いていた。

ここで、**天皇親政派と信頼を中心とした院政派は反信西でまとまる**。ただ、平清盛は自分の娘を信西の息子、信頼の息子それぞれに嫁がせていたこともあり、中立を守っていた。

平治《へいじ》元年（1159）、清盛が熊野詣に出かけていた隙を狙い、**信西へのクーデターが実行される**。**平治の乱である**。

信頼は源義朝の率いる軍勢に指図し、院御所の三条殿を襲撃。信西は逃亡した後に自害する。この異変を知った清盛は、急遽《きゅうきょ》京へ帰還。信西のいない院政派に協力する必要のなくなった天皇親政派は清盛に接近し、元関白・忠通も清盛を支持する。

孤立無援となったのは、信頼を中心とする院政派だった。

信頼・義朝軍と清盛軍は激突。義朝は奮戦するも、鴨川沿いの六条河原で負けを覚悟し戦線離脱。信頼は平家の武士に捕らえられ、六条河原で斬首《ざんしゅ》された。

信頼が処刑されて院政派は壊滅。だが天皇親政派も、後白河上皇の憎しみを買って主だった人物が追放される。残されたのは、上皇と天皇の対立と政務担当者のいない状態である。

そこで復権を果たしたのが忠通だ。忠通は大殿と称され、朝廷は上皇、天皇、大殿、関白らの協議体制となる。とはいえ、その後に権力を得たのは保元の乱と平治の乱を鎮圧した清盛であり、ここに武家政権が萌芽《ほうが》するのである。

摂関将軍の誕生――険悪な幕府と朝廷の駆け引き

「平家にあらずんば人にあらず」とまで豪語した平家政権だが、寿永《えいじゅ》4年（1185）の壇ノ浦《だんのうら》の戦いで敗れると滅亡する。代わって政権を立てたのが源頼朝。頼朝は鎌倉で幕府を開き、征夷大将軍《せいいたいしょうぐん》に任命される。しかし、2代目鎌倉殿の頼家《よりいえ》、3

代目・実朝《さねとも》が相次いで暗殺され、鎌倉の武家政権は執権《しっけん》である北条氏が担うことになった。

摂関家では、保元3年（1158）に忠通が基実に関白を譲ったあと、基房《もとふさ》、基通《もとみち》、師家《もろいえ》と継ぎ、頼朝が内覧に選んだのが兼実《かねざね》だ。つまり**源氏による鎌倉政権は、摂関就任にも口出しできる権力を持っていたのだ。**

ただ、鎌倉幕府も盤石ではなく、御家人《ごけにん》たちによる対立や謀反が相次ぐ。嫡子《ちゃくし》のいなかった実朝の死去により頼朝以来の血統は途絶え、問題になったのが次の将軍だった。

このとき幕府の中枢にあり、指導的立場にあったのは2代目執権・北条義時《よしとき》と、義時の姉で頼朝の正室でもあった政子《まさこ》。実朝が没する前から跡継ぎについて頭を悩ませていた政子は、京で後鳥羽上皇の乳母である藤原兼子《けんし》と対面する。このときに政子は、実朝の後継として後鳥羽上皇の皇子を将軍にすることを相談する。

政子にしてみれば、将軍職は源氏が受け継ぐものだと信じていた。だが、血筋が途絶えてしまった以上、それをかなえることはできない。さらに、執権はあくまでも御家人の代表であり、将軍ほどの権威はない。もし北条氏から将軍が出るとなれば、御家人の反発が予想される。阻止するためには、源氏を上回る血統から就任する必要があったのだ。

さらにこの頃は、朝廷と幕府の関係が険悪状態にあった。朝廷のトップに君臨していた後鳥羽上皇は実朝と懇意にしていたが、北条氏には反感を抱いていた。一説によると、幕府を下部機関として政治の実権は朝廷が握るという、平清盛以前の状態に戻すつもりだったとする。この緊張関係を緩和させるためにも、皇子の将軍就任はうってつけだったのだ。

兼子は自身の養育していた頼仁《よりひと》親王を推し、政子とのあいだで約束が交わされる。しかし後鳥羽上皇は、これを拒絶。ただし、皇子でなければ高家の子弟を鎌倉に下しても構わない、との妥協案を示した。

天皇家に次ぐ高家といえば摂関家だ。幕府は親王による将軍を諦め、公家の名門である九条家より将軍を迎えることにする。白羽の矢が立ったのは、摂関を歴任した九条道家《みちいえ》の三男である三寅《みとら》(後の藤原頼経《よりつね》)だった。

三寅が選ばれたのには理由がある。道家の父は一条能保《よしやす》の娘を母とし、母方の祖母は坊門姫《ぼうもんひめ》という。また、三寅の母である西園寺掄子《さいおんじりんし》は坊門姫の孫。そして坊門姫の父親が源義朝である。頼朝は義朝の三男なので、坊門姫は頼朝の異母姉（または異母妹）となる。つまり、遠縁ながらも三寅は源氏の血を受け継いでいたのだ。

とはいえ、三寅が鎌倉に下ったときはまだ2歳。そこで政子が三寅の後見役を務めることになる。やがて後鳥羽上皇が兵をあげて承久の乱が起こり、幕府軍は圧勝。幕府は名実ともに、朝廷を上回ることになる。

しかし、朝廷と幕府の関係はしこりが残ったままだし、将軍が朝廷から任命されるという形式も変わらないままだ。だが、公家の名家の子息なら朝廷も任命しやすいし、幕府も将軍を通して朝廷との確執が緩和される。しかも、幼い将軍であれば、実権は政子や執権が掌握できる。朝廷は面目が保たれ、幕府は実質的な政治の中心に位置することができるというわけだ。

嘉禄《かろく》元年（1225）、**政子が死去し、元服した三寅は頼経と名乗る。翌年には正式に将軍に就任。摂関家出身の将軍のため、摂家将軍と呼ばれることになる。**

このようにして、4代目鎌倉将軍は藤原頼経となった。その父は九条道家だが、摂関を歴任しているわけなので、正式な姓は藤原だ。九条というのは家名である。

五摂家の成立とその後――暗黙の力で今日まで影響力を発揮

同じ藤原氏でも、時代を経ることによって嫡流と諸家に分立してくる。不比等《ふひと》の次代に北家、南家、式家、京家に分かれ、やがて北家が主流となるが、**北家のなかでも代々摂関を務める一門と、それ以外に分かれていった**。いわゆる摂関家とは、道長を祖にして頼通、教通らに受け継がれた**御堂流**《みどうりゅう》を指す。

ただ御堂流が成立する以前、道隆が関白になったときは、自身の系統を嫡流にしようとした。しかし、道隆と道頼が急死し、伊周《これちか》が失脚すると摂関を出すことはかなわなくなる。この系統が**中関白家**《なかのかんぱく》だ。

同じ道長の息子でも、母親が倫子《りんし》ではなく明子だったがために冷遇された頼宗の流れが**中御門流**《なかみかど》。兼家の弟・公季《きんすえ》を祖とするのが**閑院流**《かんいん》で、忠平の長男・実頼《さねより》より続くのが**小野宮流**《おののみや》だ。

忠平は初の関白である基経《もとつね》の子どもで、自身も摂関を務めている。したがって、もともとは小野宮流が北家の嫡流だった。しかし実頼は外戚になれず、嫡流は弟・

師輔《もろすけ》の一門に移る。小野宮流には実資も出ており、道長に何かと反発したのは、本来の嫡流を自負したことからともいわれている。

御堂流も平安時代末期から鎌倉時代にかけて分裂。まず仁安《にんあん》元年（1166）に基実が急死すると、本来は嫡男の基通が継ぐところ、まだ幼かったために弟の基房《もとふさ》が摂政となる。

そこで基房は**松殿流**《まつどの》を立て、基実の門流は**近衛流**（**近衛家**）と称するようになるが、基房は平清盛によって罷免《ひめん》。成人していた基通が内覧から関白となっている。

その基通も清盛が死去すると源義仲によってすべての任を解かれ、摂政となったのは基房の子の師家。しかし、義仲が源義経によって京を追われて討たれると、基通が再任される。

このように治承《じしょう》・寿永《じゅえい》の乱（源平合戦）のさなかは、近衛流と松殿流で摂関の地位を争っていたのだ。

平家が滅んで頼朝が主導権を握ると、今度は忠通の六男・兼実《かねざね》が摂政となる。兼実を立てたのが**九条流**（**九条家**）だ。なお、師輔から兼家に続く九条流は、兼実の門流とは別である。

その後、近衛家と九条家は勢力争いを続け、兼実の次は近衛家の基通《もとみち》が復権し、その次は兼実の息子である九条良経《よしつね》、その次が基通の子の近衛家実《いえざね》で、次が九条道《みち》家《いえ》という形で摂関に就任。松殿流は師家のあとに摂関を出すことはなく、戦国時代には断絶している。

近衛家はその後、近衛家実の子・兼平《かねひら》により**鷹司《たかつかさ》家**が成立。九条家からは道家の子・実経《さねつね》が**一条家**、良実《よしざね》が**二条家**を立てる。この各家が「五摂家《ごせっけ》」と呼ばれ、以後、**五摂家当主が摂関と藤氏長者を歴任**することとなり、戦国時代に豊臣秀吉が関白になったときも、形式上、近衛前久《さきひさ》の養子になっている。

時代が下り、**明治時代になると摂政と関白は廃止**。明治22年（1889）に大日本帝国憲法と旧皇室典範で**摂政は復活するも皇族に限定**される。

しかし**五摂家の地位は存続**し、戦前までは皇太子などに嫁ぐことができるのは、宮家か五摂家出身の息女に限定するという暗黙のルールが存在した。そして戦前には、五摂家の筆頭である近衛家から首相も選ばれている。第34・38・39代内閣総理大臣である近衛文麿《ふみまろ》である。

近衛が最初に首相に任命されたのは、陸軍の独走が際立っていた昭和12年（19

37)。血筋のよさに加え、東京・京都のふたつの帝国大学で学んだエリートであり、180センチを超す身長に端正な顔立ち。非の打ちどころのない近衛は昭和天皇への拝謁時でも、椅子に座って足を組み、堂々と話をしたという逸話が残されている。また昭和天皇も10歳年上の近衛に対し、気を使っていたとの記録もある。

現在も五摂家の末裔《まつえい》はそれぞれの分野で活躍している。天皇家とともに日本を治め、1000年以上の歴史を持つ藤原氏。中臣鎌子から藤原道長を経た血統を、いまも綿々と受け継いでいるのだ。

6章

平安時代の社会とは
貴族を成り立たせていた

◉その「しくみ」から「暮らしぶり」まで

摂政と関白、その役割の違いとは

藤原氏は平安時代中期から、ほぼ摂政と関白を独占した家柄だ。では、そもそも摂政と関白とは、どのような官職をいうのか。

初代の神武《じんむ》天皇より、日本の王権の頂点に位置するのは天皇だ。ただし、約2600年前に即位したという神武天皇や、それからしばらくの代は伝説の域を出ず、天皇としての実在が確実視されるのは第15代応神《おうじん》天皇からだとする意見が多い。また、天皇はかつて大王《おおきみ》と呼ばれ、天皇という称号が正式に用いられるようになったのは、第40代の天武《てんむ》天皇とする説が有力である。

天皇といえども、独断で政治を仕切っていたわけではない。とくに天皇が幼少もしくは病弱で政務がおこなえない場合、また皇太子が成長するまでなどの理由によって皇后が即位したとき、代理で政務をおこなう役目が必要となる。それが摂政である。

摂政は天皇の代理なので、政治の全権（大権）が委任された。一方の関白は、あ

くまでも成人した天皇の補佐役である。したがって、政治的な決裁などは天皇と協議のうえでおこなうことになる。

ただ、関白は天皇よりも政治実績が多いため、的確なアドバイスが可能だった。そのため、成人になっても政務に自信のない天皇は、関白を重要なアドバイザーとして頼っていたのだ。

そんな摂政と関白には、重要な権利が与えられた。内覧である。内覧とは、天皇に奏上される文書をあらかじめ閲覧する役目のこと。そのため、不必要な申し出や不都合な内容の書状は、握りつぶすこともできた。言い換えれば、天皇よりも先に決裁を下すことも可能だったのだ。

内覧は、やがて官職のひとつにもなるのだが、その場合は摂政や関白よりも格下とみなされている。

平安時代の行政システムはどうなっていた？

平安時代の国家制度は律令制であり、それに基づいて構成された行政機関を官制という。

官制には都における中央官制と地方の地方官制があり、中央官制は2つの「官」と8つの「省」で構成される。各機関には長官《かみ》、次官《すけ》、判官《じょう》、主典《さかん》の4等級が存在し、これを**四等官制**《しとうかんせい》という。官職の多くは定員が設けられているものの、場合によっては正規の員数を超えて任命されることもあった。この定員外の官職を権官《ごんかん》といい、権大納言や権蔵人頭などとする。官のひとつが神祇官《じんぎかん》で、これは祭祀《さいし》と神社行政をつかさどる機関である。もうひとつは太政官《だいじょうかん》。実質的な国家行政機関であり、その下には中務《なかつかさ》省、式部省、治部《じぶ》省、民部省などの八省が置かれた。

太政官の筆頭は太政大臣。ただし、太政大臣は常設ではなく、適任者がなければ設置しない「則闕《そくけつ》の官」であり、平安時代中期では名誉職でしかない。**事実上の最高責任者は左大臣**で、**右大臣は左大臣の補佐役**。さらに左右大臣の補佐を務めたのが内大臣である。

太政官の次官《すけ》には大納言、令外官《りょうげのかん》の中納言と参議があり、**大納言は現在の国務長官に相当**する。定員はひとりではなく、当初4人だったものが時代を経るごとに増

平安時代の政治システム・四等官制

	神祇官《じんぎかん》	太政官《だいじょうかん》	省	衛府《えふ》	大宰府《だざいふ》	国	郡	鎮守府《ちんじゅふ》
長官《かみ》	伯	太政大臣 左右大臣 内大臣	卿	督	帥《そつ》《そち》	守	大領	将軍
次官《すけ》	大 副 少	大納言 (中納言・参議)	大 輔 少	佐	大 弐 少	介	少領	副将軍
判官《じょう》	大 祐 少	左右大・中・少弁 少納言	大 丞 少	大 尉 少	大 監 少	大 掾 少	主政	軍監
主典《さかん》	大 史 少	左右弁 大少史 大少外記	大 録 少	大 志 少	大 典 少	大 目 少	主帳	軍曹

加し、平安時代末期には10人に達している。中納言は大納言の補佐役で、参議は朝議に参加できるメンバーをいう。

判官《じょう》の左大弁《さだいべん》、左中弁《さちゅうべん》、左少弁《さしょうべん》は、左弁官局に在籍して4省を管轄。同じく判官の右大弁、右中弁、右少弁は右弁官局で4省を管轄し、少納言は少納言局において詔勅宣下《しょうちょくせんげ》の事務とそれに必要な御璽《ぎょじ》、太政官印、駅鈴《えきれい》の管理をおこなう。

主典《さかん》は左弁官局の左大史《さだいし》、左少史《さしょうし》、右弁官局の右大史、右少史、少納言局の大外記《だいげき》、少外記《しょうげき》がいて、それぞれ事務や書記を担当する。

八省は天皇に侍従して詔勅の作成や戸籍の保管などをつかさどる中務省、人事や学校関係の業務などを担当する式部省、貴族の身分関係や仏事、宮廷儀式などを担う治部省、税の徴収や民政一般などを業務とする民部省があり、これらは左弁官局の管轄。右弁官局の管轄は、軍事一般を担当する兵部省《ひょうぶ》、司法関係を担う刑部省《ぎょうぶ》、財政担当の大蔵省、宮廷の所持一切が担当の宮内省である。

これら二官八省以外にも、太政官から独立したひとつの「台」と5つの「衛府《えふ》」があり、総括して「二官八省一台五衛府《にかんはっしょういちだいごえふ》」ともいう。台は弾正台《だんじょうだい》といい、いわゆる警察機構のこと。ただし、寛平《かんぴょう》7年（895）に検非違使《けびいし》庁が置かれると、有名無実化している。

五衛府は天皇の身辺警護や宮城の警護、都の夜間巡回などを主な任務とし、衛門府《えもんふ》、左衛士府《さえじふ》、右衛《うえ》士府、左兵衛府《さひょうえふ》、右兵衛《うひょう》府であったが幾度も改編され、弘仁《こうにん》2年（811）からは、左右近衛府《さうこのえふ》、左右衛門府、左右兵衛府の六衛府制として定着している。

これらのほかにも、皇太子の家政を担当する春宮坊《とうぐうぼう》（東宮坊）、地方行政を監督する勘解由《かげゆし》使などがあり、注目すべき機関が蔵人所《くろうどどころ》である。

弘仁元年（810）に創設された蔵人所は、宮中の事柄を総括する最大規模の機関で、天皇家の家政機関として、書籍や御物の管理、機密文書の取り扱い、詔勅の伝

律令制に基づく中央・地方官制

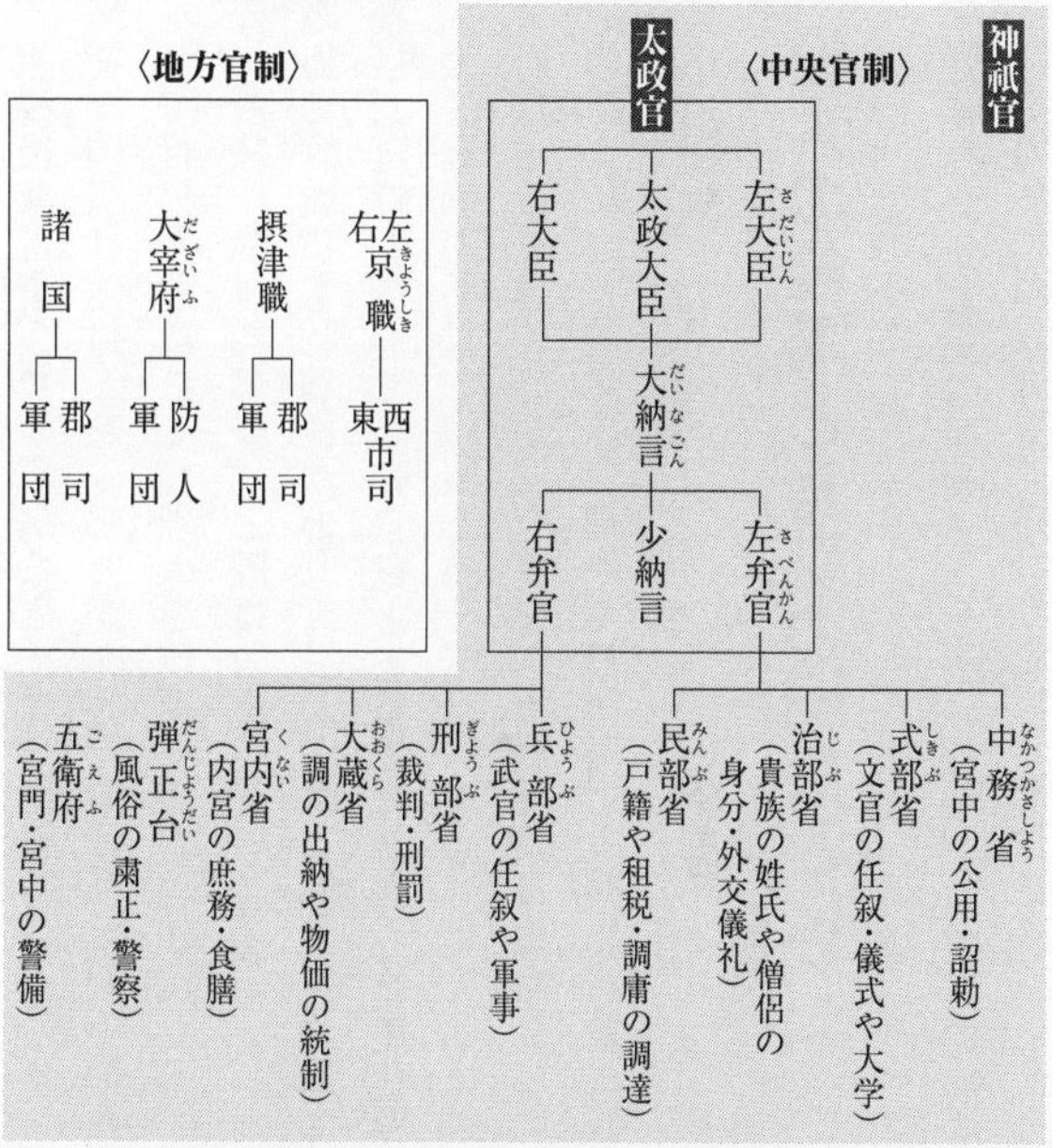

達や、警護、事務、雑務なども取り仕切る。そのため実質的な長である**蔵人頭は天皇の首席秘書として重要な地位を占めるようになり、公卿にのぼるためのエリートコースでもあった。**

一方の地方官制は、各国に国府がおかれ、都から派遣された国司が行政をつかさどった。国司が政務をおこなう役所を国衙《こくが》といい、租税徴収部署、軍事部署などが整備される。

当初、国司は任地へ赴く必要があったが、9世紀中頃から10世紀になると都にとどまって目代《もくだい》と呼ばれる代理人を派遣するものが現れる。これを遥任《ようにん》国司といい、実際に赴任する国司は受領《ずりょう》と呼ばれる。

地方の官職にも特別職があり、ひとつは京職《きょうしき》だ。京職とは都の行政や司法、警察を統括した機関であり、左京職と右京職に分けられていた。長である左京大夫《さきょうのだいぶ》と右京大夫は国司同様の権限を持ってはいたが、地方官ではなく中央官あつかいである。ただ、検非違使《けびいし》庁ができてから警察機能は失われていった。

そのほかには難波津《なにわのつ》を管理する摂津職、九州の行政や軍事一般を担当する大宰府も、地方機関として置かれていた。

役人の位階と官職の関係とは

朝廷に仕える官吏の序列を示すのが位階だ。位階の歴史は古く、推古11年（603）に定められた冠位十二階がはじまりだとされる。

平安時代の位階は30ランクもあり、最上位は正一位《しょういちい》、そこから従一位《じゅいちい》、正二位、従二位、正三位《み》と下り、最下位は少初位下《しょうしょいのげ》（99ページ参照）。これとは別に、天皇の子女である親王と内親王には一品《いっぽん》から四品《しほん》の位階が与えられ、それ以外の皇族には正一位から従五位下までのいずれかが授与された。

この**位階と官職は密接に関係していて、位階の上下によって就任できる官職が決まっていたのだ。**これを官位相当性という。太政大臣になるには正一位か従一位、左右大臣や内大臣なら正二位、従二位であり、参議なら正四位下以上。さらに五位以上を貴族とし、三位《さんみ》以上を上流貴族とした。

なお、太政官の最高幹部である公卿は三位以上であるが、参議であれば正四位下でも公卿とみなされている。

もともと位階は個人の能力によって与えられるものであり、それによって官職の世襲を妨げる目的があった。しかし、高位者の子孫には一定以上の位階が叙位《じょい》される蔭位《おんい》制の存在が個人能力主義を形骸化させ、上流貴族による重要な官職独占のシステムが構築される。藤原氏が摂関職を独占したのも、蔭位制によるものが大きいのだ。

貴族の経済基盤になった荘園制度とは

摂関家といえども役人には違いないので、朝廷から俸禄《ほうろく》が与えられていた。その額は位階に応じて支給され、高位になれば土地（位田《いでん》）や人民（封戸《ふこ》）も下賜《かし》されたので、摂関家レベルともなればかなりの財力があったのは間違いない。

ただ、摂関家などの高級貴族には、さらに経済力を強める手段があった。それが荘園《しょうえん》だ。

大化《たいか》2年（646）、改新の詔によって「公地公民の制」が定められた。これは天皇が全国民と全国の土地を天皇のものとする制度だ。しかし、その後の人口増加にともなう食糧不足により、新たに土地を開墾《かいこん》する必要に迫られる。

しかし、土地が自分のものにもならないのに、苦労して開墾する人はいない。そこで奈良時代に入ると、すでにある溝や池の施設を利用して田を開いたものには一代限り、施設も新たにつくり田を開いた人には三代まで私有を認める法律が制定される。これが養老7年（723）の三世一身法《さんぜいっしんのほう》だ。

ただ、期限付きでは朝廷が思ったように開墾は進まない。いずれ国に返さなくてはならないと思えば、田を開くほうにも骨折り損の感がある。そこで天平《てんぴょう》15年（743）になって新たにつくられたのが墾田永年私財法《こんでんえいねんしざいほう》。つまり、開墾した田は永続的に私有が認められるようになったのだ。

土地の私有が認められると、資本のある大貴族や寺院、豪族などがこぞって開墾をおこなうようになる。開墾地には「荘」と呼ばれる管理事務所が置かれ、荘が管理する土地を荘園と呼ぶようになる。

ただ、初期の荘園は収穫のなかから田租《でんそ》（江戸時代の年貢に相当）を払う義務があった。そこで、平安初期に初期荘園は衰退するが、放置される土地に目をつけたのが地元の有力農民だ。

荘園主となった農民のなかには中央との関係を結び、徴税の免除（不輸《ふゆ》）、立ち入り検査の免除（不入《ふにゅう》）を認めさせるものも出てきた。

また、中央から派遣された地方行政官（国司）が租税納入を請け負うようになると、国司が不輸権を認めるようにもなる。すると国司に取り入って不輸権を手に入れる荘園主も現れる。国司は任期付きの派遣官僚なので、任期が終わる頃には無責任に不輸権や不入権を乱発し始めた。

ただ、国司に取り入ったり中央と結びついたりするには、それなりの力がいる。そこで、力のない荘園主は有力者に荘園を譲り、自分は経営と管理をするようにする。もちろん、田租から逃れるためだ。この荘園を寄進地系荘園という。**荘園を寄進された有力者は、より力の強い中央の貴族や社寺に寄進し、その後ろ盾で実力を蓄えていく**。そして国司のなかには任期が終わっても土着するものが現れ、所領の争いに武力が使われることもあった。

このように荘園制度は実力者に財力を与えるだけでなく、権力や武力も蓄えさせることになったのだ。

入内《じゅだい》した女性たちの地位は?

藤原氏や平家は、娘を天皇に嫁がせて皇子をもうけ、外戚として権力を掌握した。天皇に嫁ぐのは住居である内裏《だいり》に入ることなので、これを入内という。

当時の貴族は一夫多妻が多く、天皇も例外ではない。天皇の正妻は皇后であり、かつては皇族でしかその地位に立つことはできなかった。しかし、藤原不比等《ふひと》の娘が聖武《しょうむ》天皇の皇后（光明《こうみょう》皇后）となったのを端緒《たんしょ》とし、その後は**皇族以外でも皇后になることが可能になった。**

天皇が退位して太上《だいじょう》天皇（上皇）となると、基本的には皇后も皇太后と呼ばれる。さらに今上《きんじょう》天皇の先々代上皇の皇后だったものは太皇太后となる。**この三者を三后といい、立場上は天皇や上皇に次ぐ地位（后位）をなす。**

中宮は、端的にいえば皇后と同じ意味だ。もともと中宮とは三后の住まいを指し（後に後宮）、奉仕する役所が中宮職。中宮が皇后の呼称となったのは、円融《えんゆう》天皇が天禄4年（973）に藤原媓子《こうし》を皇后に立てる際、皇太后には皇太后宮職がつき、中宮職が皇后専属として定着してからだ。

しかし、藤原道隆の娘・定子《ていし》が一条天皇のもとに入内すると、道隆は定子を皇后に立てることを望む。しかし、円融天皇が上皇になっても媓子は皇后にとどまっていた。

なぜなら皇太后には一条天皇の生母である藤原詮子《せんし》が就き、太皇太后には冷泉天皇の皇后だった昌子《しょうし》内親王が就いていたからだ。つまり、皇后でなくとも天皇の母親（国母《こくも》）であれば、皇太后に就任することはできたのである。

しかし道隆は、遵子《じゅんし》を皇后にとどめたまま定子を強引に皇后とする。すると呼称の区別が問題となり、定子は中宮と呼ばれることになる。

また、藤原道長も、一条天皇に入内させた娘の彰子《あきこ》を皇后とすることを望む。一条天皇には皇后の定子がいたが、道長の意向を受け入れて、ふたりの皇后を持つことになる。これ以後、皇后の定員は2名となり、一方を皇后、他方を中宮と呼ぶ慣行が確立したのだ。

宮中における女性の職務とは

皇后や皇太后らの住まいである後宮《こうきゅう》は内裏の北半分にあり、7つの殿と5つの舎で構成されている。入内したばかりの女性は女御《にょうご》という地位で後宮に住み、そのなかから皇后や中宮に立てられていった。

その後宮で働くのが女官だ。上級の女官には、それぞれ房《ぼう》と呼ばれる部屋が与えられ、住み込みで働いた。**自分の房を持った女官なので女房と呼ばれ、紫式部や清**

少納言も女房である。

彼女たちは後宮がスムーズに回るよう、天皇の后たちの食事や衣類の世話、掃除、調度品の手入れ、火や水の管理等、日常生活から年中行事の運営まで、様々な役割を担っていた。

ただ、后の家庭教師的な役割も担うこともあったため、誰にでも任せられるものではない。**中流貴族の娘から教養のある女性が選出され、宮廷が出仕を要請する**というルートが定番であったという。

職務内容は12の部署に分けられ、秘書的な役目を負う内侍司《ないしのつかさ》、天皇家の宝物を管理する蔵司《ぞうし》、書物と楽器の管理をする書司、薬の管理をする薬司、武器を管理する兵司、城門の鍵を管理する闈司《いし》、後宮の清掃、灯、薪炭の管理をする殿司《とものづかさ》、宮中でおこなわれる諸行事の準備設営をする掃司、飲料水の管理をする水司、食事の管理をする膳司《ぜんし》、お酒の管理をする酒司、裁縫の管理をする縫司《ぬいのつかさ》が設けられた。これらは後宮十二司《じゅうにし》と呼ばれる。

このなかでも、**最も人気だったのが内侍司だ。**人数も後宮十二司のなかで最も多く、尚侍《ないしのかみ》2名、典侍《ないしのすけ》4名、掌侍《ないしのじょう》4名、女孺《にょじょ》100名によって構成されていた。ただしトップの尚侍に関しては、天皇のそばで極秘情報を扱うことから、家柄や教養も必要とされた。しかも**権力闘争で優位に立とうとする地方貴族が、妻や娘をこの地位に推挙するケースが増加**。次第に給与と地位が上がり、どんどん狭き門になっていったのである。

そのうち尚侍は役職とは離れていき、将来の天皇の后を育成するポジションという傾向が強くなっていった。ちなみに『源氏物語』では、右大臣の娘の朧月夜《おぼろづきよ》、内大臣の娘の玉鬘《たまかずら》が尚侍となっている。

尚侍のかわりに実質的長官として、実際に仕事をしていたのは2番目の典侍だ。典侍は有職故実《ゆうそくこじつ》に詳しく、和歌など芸術に長けた者なら、おおいに出世のチャンスがあった。

そのため、**才覚と野心を持つ宮仕えの女性たちにとっては、この典侍こそキャリアの目標であり、ステイタスだった**。清少納言も『枕草子』のなかで「きちんとした家の娘であれば、しばらく宮中に勤めさせるなどして世の中を見せ、典侍などをしてもいいと思う」と触れている。

このように、高い教養や品格を持つ女官という職には、様々な野心やプライドが渦巻いていた。また、40以上もの年間行事があったため、宮中で働く男性と顔を合わせる機会も多かった。そのため高い地位の貴族のなかには、女官勤めを「はしたない」「軽い」と蔑《さげす》み嫌う人もいたといわれている。

武士が貴族に代わって台頭した理由

武士の起源については諸説があり、開発領主が力を蓄えて武力集団を編成したのが始まりという説、もしくは紛争の解決や警備を担当する職業集団が始まりとする説、また受領国司が独自の軍隊を編成したという説などがある。

そして、このなかのどれかが正解というわけではなく、それぞれの要因が絡み合って発生したのが武士という考え方もある。

平安時代の上流貴族は政治を顧みず、風雅を楽しみ、遊興にふける毎日を送っていた。そしてわずらわしい政務は下級貴族に任せ、国司になっても地方に赴かない遥任《ようにん》が増え、現地の有力者を管理人として採用したり、下級貴族を目代《もくだい》として派遣したりしている。

国司には地域に関する徴税や軍事といった権限が与えられていた。そして地域の豪族や目代は、代理人としてその権限を代行する。しかし、彼らは必要以上に税を徴収したり、農民を使役《しえき》したりしたため、反発が生まれる。この支配層に対する自衛集団が武士団だともいわれている。

また、支配層が自分たちで武力集団を結成して反発を退けるパターンもあり、遙任をおこなわず派遣先に赴き、地元武士団と結束する国司もいた。これらの国司は任期が終わっても都には帰らず、地元に根を張っていくようになる。

そして地元民の信頼を得、また力によって制圧し、勢力を拡大していく。都で人間関係に悩み、出世を争いながら細々と暮らすよりも、強い権限と潤沢な収入を得て地域に君臨することを選んだのだ。

このような形で、**地方においては下級貴族や軍事貴族が力を蓄え、そのなかで源氏や平氏といった一族が抜きん出ることになる**のだ。

やがて中央でも、武士であっても位の高いものが誕生する。とはいえ、摂関家などの上級貴族は武士を地下人《ちげにん》と呼んで番犬のようにみなしていた。それは「死」を穢《けが》れとする当時の風潮のなか、殺戮《さつりく》集団である武士は穢れた存在と受け取られていたからだ。

しかし、上流貴族は自身で揉《も》め事を解決する手段を持たず、行政すらも人任せにしていた。さらに自分たちを守ってくれる武士を手なずけるために、官位や地位を与えてしまう。

その結果、地方の収入で経済的にも潤い、もちろん武力も持つ武士は勢力を高めていく。平氏や源氏が台頭したのは、このような流れのなかで起きた必然だともいえるのである。

貴族と民衆の生活はどんなものだったか？

平安時代は国風文化が栄え、その名の通り平安で優雅な時代だったイメージがある。しかし、貴族と庶民で生活が大きく違う格差社会でもあった。

まずは貴族の生活から見ていこう。平安京に暮らす貴族は現代の政治家や公務員的な存在で、宮中に通い仕事をしていたが出勤時間がとても早かった。起床は午前3時。御所の扉が開く合図である開諸門鼓《かいしょもんこ》の音がこの時間に鳴り、それを合図に起きるのだ。

そこからの日常は基本的に、出勤と欠勤、外出時の方向、入浴から爪切りに至るまで、占いによって決められた。起床するとまずは北斗信仰に基づき、星の名前を7回唱える。次に陰陽道《おんみょうどう》に基づいて暦を見てその日一日の吉凶を確認。運気が悪いと出れば、物忌《ものいみ》とし、仕事を休んだ。

暦を見たあとは、仏教信仰により、阿弥陀仏の極楽浄土がある西に向かって祈りを捧げる。その後、お粥《かゆ》程度の軽い朝食を食べ、占い次第では風呂に入るなどし、身支度を整える。

そもそも当時の貴族にとって、風呂で身体を流すのは「禊《みそぎ》」にあたる行為であり、体を洗うことを目的にしてはいなかった。そのため、占いで定められた決められた日以外に体を洗うと邪気が入ると信じられ、風呂は5日間に1回程度、洗髪に至っては月に1回程度だったという。

ただ重い着物を何重も着ていたため体臭も強くなり、それを隠すため薫物《たきもの》と呼ばれるお香が欠かせなかった。皮膚病に苦しむ者も多かったという。

身支度が調《ととの》ったら**午前6時に出勤。仕事は4時間ほどと短く午前中には帰宅。**その後は昇進のために和歌や史書などの勉学や、蹴鞠《けまり》、すごろくなど趣味にいそしみ、午後4時には夕食、日没には就寝というのが1日の基本的な流れである。遊び放題に思えるが、貴族の遊びは社交儀礼につながることが多く、これを疎《おろそ》かにすると、逆に昇進に響くこともあったのだ。

食事面は、平安貴族は年中行事が多く、かなりの贅沢三昧《ぜいたくざんまい》であった。4脚の獣肉は忌《い》まれ、野菜類は下品として避けられたので、メインは白米と魚介類、鶏肉。そのほか干物、唐菓子《とうがし》（揚げ物）、木菓子《きがし》（果実類）で食卓は埋め尽くされた。宴では、主賓である大臣で28品、最上級貴族で20品、上級貴族で12品が並んだというからかなり多い。

当然ながら食べ残すことになるのだが、彼らは庭先に食べ残した料理を撒《ま》いて、貧しい庶民を呼び集め拾い食べさせたという。その様子が、鳥が餌をついばむように見えたことから「とりばみ」と呼ばれたというから、貴族と庶民の格差の大きさがわかる。

トイレは樋箱《ひばこ》という木箱に用を足し川に捨てていたが、それがそのまま庶民の生活水として使われたともいわれている。

貴族に比べ、庶民は戸のない簡素な小屋に住んでいた。食事に関しても、米《こめ》は税として納めなければならなかったため稗《ひえ》や粟《あわ》を主食とし、副食は海や山でとった魚や野菜が中心。とても質素であったが、基本的には現在、健康的な和食の代表とされる「一汁三菜」の形式だった。

逆に贅沢三昧で量が多く、野菜不足かつ運動不足だった貴族は、糖尿病などの生活習慣病に悩まされ、若くして命を落とすものも多かったというから皮肉な話ではある。

貴族と民衆の服装とは

平安時代の服装といえば、真っ先に思い浮かぶのが豪華絢爛《けんらん》な十二単《じゅうにひとえ》だろう。もともと女性貴族が朝廷で着用する正装は女房装束《にょうぼうしょうぞく》と呼ばれており、十二単と呼ばれるようになったのは近世以降のようだ。

十二単は着物を12枚重ねて着ているように見えるためで、実際に12枚の服を着ているわけではない。まず、下着の役目をする袴《はかま》と単《ひとえ》（単衣）を着用し、その上に袿《うちき》と呼ばれる着物を5枚重ねる。これは五衣《いつぎぬ》と呼ばれた。

さらにこの上から打衣《うちぎぬ》、表着《うわぎ》、唐衣《からぎぬ》を着用し、それを裳《も》という紐《ひも》で結ぶ。その総重量は10キログラム以上あったと想定され、重くて動けなくなる女性貴族もいたという。

ただしこれはあくまで正装。常服はさすがに袴と単の上に袿だけ、もしくはその上に小袿を羽織るという軽装だった。

このほかに当時の貴族の定番としては、公家や上流武家の女性たちが外出着として着用する壺装束《つぼしょうぞく》、後宮に奉仕する童女の正装である汗衫《かざみ》、童女の通常服の袙《あこめ》などがある。

男性貴族の場合は、朝廷で着用する正装は束帯《そくたい》と呼ばれ、こちらもかなりの厚着だ。下着の役割をする大口袴と表袴を着用。この上から、帯を引きずったようなデザインの裾がついた下襲《したがさね》と、身分によって色が違う袍《ほう》を着る。そして頭に冠《かんむり》を被り、笏《しゃく》を持って完成である。

しかし束帯は、十二単より衣装の着付けが複雑で、さらには長時間着用し続けるにはかなり大変だったという。そこで簡略化された衣冠がつくられることとなっ

平安貴族の衣服

男子の正装

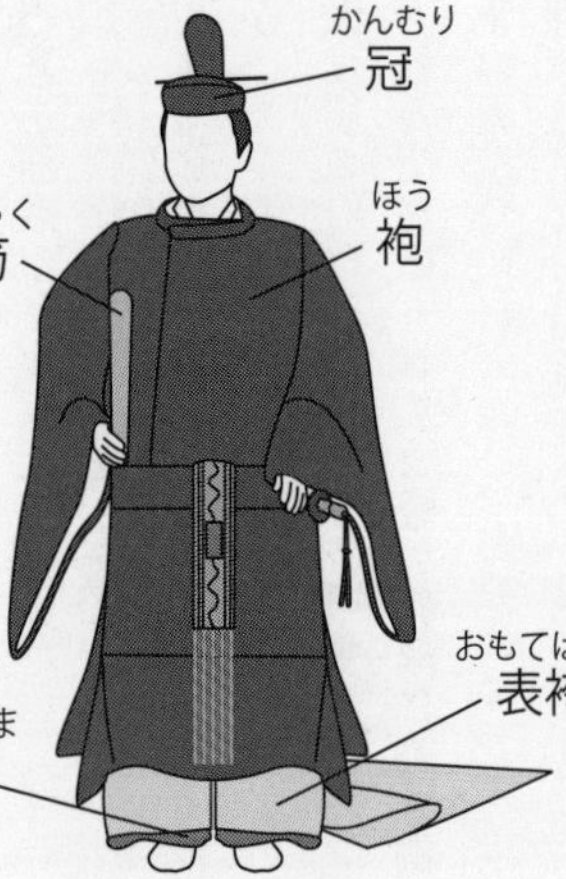

女子の正装

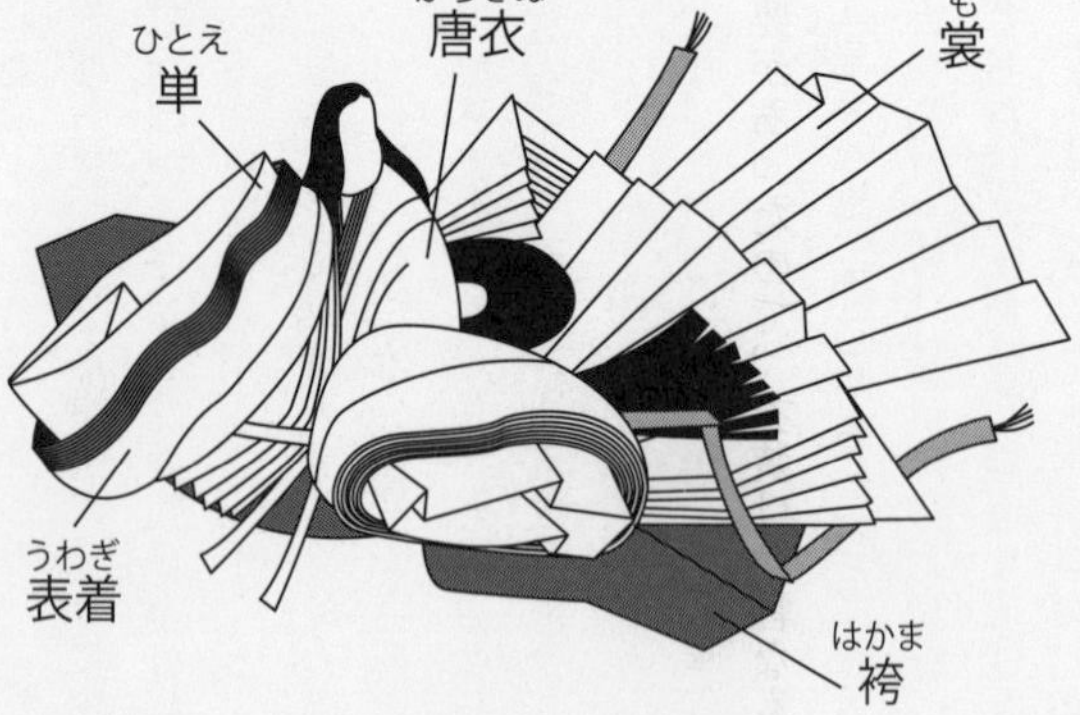

た。現在、衣冠束帯《いかんそくたい》と総称される服装も、もとは別のものだったのだ。

常服は衣冠をさらに簡略化した直衣《のうし》（87ページの藤原道長の図参照）や、狩りに出かける際に着用する遊び着の狩衣《かりぎぬ》が一般的で、頭には烏帽子《えぼし》を被っていた。そのほかに、身分の低い武官の正装である褐衣《かちえ》、元服前の貴族男児が着用する水干《すいかん》などがあった。

これらの服装は、唐文化の影響を強く受け、そこから徐々に日本の自然環境に合わせて変化を重ねていったものである。十二単や束帯も仕立てがゆったり大きめになっているのは、当時の王朝貴族の生活は座る姿勢が基本的であったこと、また、朝廷があった京都が盆地で、夏は湿度が高く蒸し暑かったことを考慮に入れていたとされている。

もちろん庶民は、貴族と違い頻繁に動き働く必要があったので、衣装は身軽なものであった。

男性は直垂《ひたたれ》と呼ばれる着物の下に、丈が短く裾が絞られた小袴をはくのが定番。女性は、貴族が下着として着用していた小袖《こそで》に、筒袖の袷《あわせ》を羽織り、腰布で固定するという、とても簡素なものであった。

◉左記の文献等を参考にさせていただきました――

『紫式部伝 その生涯と『源氏物語』』角田文衛（法藏館）／『栄花物語新註』河北騰、『コレクション日本歌人選044 紫式部』植田恭代、『紫式部伝』斎藤正昭（以上、笠間書院）／『平安期日記文学総説 一人称の成立と展開』倉本一宏（臨川書店）／『ミネルヴァ日本評伝選 藤原道長 男は妻がらなり』朧谷寿、『ミネルヴァ日本評伝選 藤原伊周・隆家 禍福は糾へる塵のごとし』倉本一宏、『平安朝物語文学とは何か『竹取』『源氏』『狭衣』とエクリチュール』神田龍身（以上、ミネルヴァ書房）／『平安男子の元気な！生活』川村裕子、『平安女子の楽しい！生活』川村裕子、『日本古代史⑥摂関政治』古瀬奈津子、『源氏物語』秋山虔、『シリーズ古代史をひらく 国風文化 貴族社会のなかの「唐」と「和」』吉川真司編（以上、岩波書店）／『平安朝の女性と政治文化 宮廷・生活・ジェンダー』服藤早苗（明石書店）／『深堀り！ 紫式部と源氏物語』中野幸一（勉誠書店）／『日本古代の歴史2 飛鳥と古代国家』篠川賢、『日本文化ライブラリー567 王朝貴族と外交』渡邊誠、『歴史文化ライブラリー487〈謀反〉の古代史 平安朝の政治改革』春名宏昭、『歴史文化ライブラリー521 摂関家の中世』樋口健太郎、『歴史文化ライブラリー553 皇位継承と藤原氏』神谷正昌、『人物叢書 紫式部』今井源衛、『人物叢書 藤原冬嗣』虎尾達哉、『人物叢書 一条天皇』倉本一宏、『人物叢書 藤原道長』山中裕、『紫式部と平安の都』倉本一宏（以上、吉川弘文館）／『日本史リブレット019 藤原道長 摂関期の政治と文化』大津透、『清少納言と紫式部』丸山由美子、『詳説日本史図録』（以上、山川出版社）／『藤原氏千年』朧谷寿、『天皇の歴史2 聖武天皇と仏都平城京』吉川真司、『天皇の歴史3 天皇と摂政・関白』佐々木恵介、『藤原道長の日常生活』倉本一宏（以上、講談社）／『藤原道長の権力と欲望「御堂関白記」を読む』倉本一宏（文藝春秋）／『藤原氏 権力中枢の一族』倉本一宏、『歴代天皇総覧増強版 皇位はどう継承されたか』笠原英彦、『新版 大化改新「乙巳の変」の謎を解く』遠山美都男、『奈良時代 律令国家の黄金期と熾烈な権力闘争』木本好信、『藤原仲麻呂 古代王権を動かした異能の政治家』仁藤敦史、『日本文学史 古代・中世篇二』ドナルド・キーン・土屋政雄訳、『日本文学史 古代・中世篇三』ドナルド・キーン・土屋政雄訳、『唐 東ユーラシアの大帝国』森部豊、『藤原京 よみがえる日本最初の都城』木下正史（以上、中央公論新社）／『平城京 全史解読』大角修（学研パブリッシング）／『平城京誕生』吉村武彦・舘野和己・林部均、『新版 古代史の基礎知識』吉村武彦編、『和本への招待 日本人と書物の歴史』橋口侯之介、『遣唐使の光芒 東アジアの歴史の使者』森公章（以上、ＫＡＤＯＫＡＷＡ）／『日本思想史講義【五】第五回 平安時代の政治と貴族文化』平山洋（常葉書房）／『はじめて読む日本語の歴史』沖森卓也（ベレ出版）／『物語史の起動』藤井貞和（青土社）／『日本古代史紀行 アキツシマの夢 英傑たちの系譜』恵美嘉樹（ウエッジ）／『現代語訳 藤氏家伝』沖森卓也・佐藤信・矢嶋泉訳、『平安朝の生活と文学』池田亀鑑（以上、筑摩書房）／『平凡社ライブラリー１９０１ 平安貴族』橋本義彦、『平凡社新書８２５ 日記で読む日本文化史』鈴木貞美（以上、平凡社）／『紫式部日記 ビギナーズ・クラシック 日本の古典』山本淳子編（角川学芸出版）／『藤原氏の轍 正史に埋もれた物語』森田力（メディアコンサルティング）／『歴史ＲＥＡＬ 藤原氏』（洋泉社）／『平安時代大全』山中裕（ＫＫロングセラーズ）／『王朝文学と官職・位階』日向一雅編（竹林舎）／『藤原氏の研究』倉本一宏（雄山閣）／『新編日本史図表』坂本賞三・福田豊彦監修（第一学習社）／『図説日本史通覧』（帝国書院）

KAWADE
夢文庫

紫式部と摂関政治の時代がよくわかる本

二〇二三年九月三〇日　初版発行

著　者…………歴史の謎を探る会［編］
企画・編集……夢の設計社
東京都新宿区早稲田鶴巻町五四三〒162-0041
☎〇三―三二六七―七八五一（編集）
発行者…………小野寺優
発行所…………河出書房新社
東京都渋谷区千駄ヶ谷二―三二―二〒151-0051
☎〇三―三四〇四―一二〇一（営業）
https://www.kawade.co.jp/
装　幀…………こやまたかこ
印刷・製本……中央精版印刷株式会社
DTP…………アルファヴィル
Printed in Japan ISBN978-4-309-48601-7
落丁本・乱丁本はお取り替えいたします。
本書のコピー、スキャン、デジタル化等の無断複製は著作権法上での例外を除き禁じられています。本書を代行業者等の第三者に依頼してスキャンやデジタル化することは、いかなる場合も著作権法違反となります。
なお、本書についてのお問い合わせは、夢の設計社までお願いいたします。